大世見対談

松原照子×保江邦夫

不思議な世界の住人は
最新科学を
知っている!!

ONE PUBLISHING

大世見対談　松原照子×保江邦夫

装幀　辻中浩一
本文デザイン　辻中浩一＋村松亨修
カバーイラスト　フジイイクコ
ＤＴＰ制作　株式会社 明昌堂
校正　本多一美
編集制作　細江優子

はじめに

見えたり、聞こえたり、教えてもらったり。

私が体験する世界を特別だと思ったことはありません。

私が見て、聞いて、教えてもらっているのですから、何ひとつ疑ったことはありません。

「不思議な世界の方々」と呼ばせていただいているあの方々は、私が物心つくころからいつもそばにいてくれました。ただ、登場される方々は、私の成長に合わせて交替されたようにも思います。

やがて私は、見えたり、聞こえたり、教えてもらったりしたことを毎日書くようになりましたが、書いたことはすぐに忘れてしまいます。私にとっては書き終えたときが最大の喜びで、そのときには次なる喜びに向けて心が出発しているからかもしれません。

自分が書いた内容については「ウーン」と唸《うな》りたくなることや、理解できないこともありますが、なぜか書いておきたくなるのです。

自分が書いたことを人がどう評価するかを気にしたことは一度もありません。それよりも、学んだことのない内容が書けたりすると、他人事のように面白さを感じたりします。

このたびの対談は、私をとても居心地のよい世界へと連れていってくれました。

保江邦夫先生のすばらしさはお聞きしていました。実際にお会いしてみると、思い描いていた先生と同じで、やはりすばらしい方でした。

お話の内容はとても難しいのに、わかった気にさせられるのですから、不思議な力をお持ちと申しますか、魔法が使えると申しますか、地球人のなかでも特別枠に選ばれた人のように思いました。

楽しい時間というのは、あっという間に過ぎていきます。先生は、時が過ぎるのを早めることがとてもお上手でした。

この対談を通じて、私がわけもわからず書いていたことに花を咲かせていただいたような気持ちになり、嬉しくて仕方がありません。そしてね、不思議な世界の方々を改めてすごいと思えたのです。

私には理解できないことを不思議な世界の方々に教えていただくたびに、自分のできの悪さがちょっぴり残念になりますが、わからないからこそ素直に、見えたり、聞こえたり、教えていただいたりすることが書けるのだと思います。

それとね、不思議な世界の方々とお会いしているときは、時の流れの不思議さをいつも感じています。教えていただきながら原稿を1枚書くのに2時間もかかってしまうことがあるのですが、いつも20分も経っていないように思えるのです。

今回の保江先生との対談も、不思議な世界の方々と過ごすのと同じように、あっという間に予定の時間が終了しました。家路について、「もしかしたら今日の対談は、不思議な世界の方々の企画なのだろうか?」という思いがいたしました。

私はいつも「時の流れ」を大切に思っています。

そして、この地球に暮らす生き物はすべて、命がある限り、平等に時を刻んでいます。

私のこの世での持ち時間が、あとどれくらい残っているのかはわかりませんが、私が「今生きている」からこそ、さまざまな思いを心で感じることができます。時の流れと仲よくしながら、毎日を楽しく過ごしたいと思っています。

だってね、楽しくないと、時の流れが遅く感じられるでしょう? 保江先生とお会いになってみると、私が先ほど申しあげた、時の流れが早くなるという感覚がわかります。先生は、あの話術をどこで身につけられたのでしょうか。お聞きしたくなります。

この年齢になってわかったことのひとつは、「自分が今あるのは、今まで生きてきたすべての出来事や体験があったからだ」ということです。今回の対談で、不思議な世界の方々に教えてもらったことを保江先生にわかりやすく解説していただけたことは、とてもありがたいご褒美のように思っています。対談の場には、月刊「ムー」の三上丈晴編集長も、編集してくださった細江優子さんもいてくださったので、すっかり甘えてしまいました。

保江先生、出会えたことを本当に嬉しく思っています。これからもどうかよろしくお願いいたします。この本をお読みくださるあなた様にも、ご縁をつないでくださったことに感謝申しあげます。

2023年11月吉日

松原照子

目次

第1章
不思議な世界と素領域理論

第2章

視力と透視能力が重なりあうとき

第3章
不思議な世界の住人は量子論を知っている

第4章

雷と磁力、そして若返りの秘密

第5章

海と水素が地球の救世主となるか？

第6章
世見者と物理学者の非日常的な日常

第1章

不思議な世界と素領域理論

「不思議な世界」は2次元の泡に映っている

――世見者《よけん》・松原照子氏は、「不思議な世界の方々」の助けを借りて、未来の出来事や東西の古代史、さらには現在の社会情勢など、広く「世の中を見る」能力の持ち主として知られている。その能力は自然科学や物理学の分野にも及び、そのため同氏のブログには専門的な用語がしばしば登場するのだが、書いた本人はほとんど意味がわからないという。しかし、その分野の専門家が見れば、なるほどと膝を打つような内容が多々含まれている。

そこで今回は、理論物理学者の保江邦夫氏をお迎えし、松原氏が日常的に得ている膨大な情報のなかでも、物理学や自然科学にかかわるものについて、可能なかぎり謎解きをしていただけないだろうかとお願いした。もちろん、それ以外の話題も大歓迎である。世見者と物理学者の会話からどのような発見や驚きが生まれるのか、関係者一同、心から楽しみにして対談に臨んだ。

松原　先生にお会いして、お話しさせてもらうことをすごく楽しみにしていました。私が見ているものが、ほかの方が見ているものとなぜ違うのかがわかるのではないかと思って。

いつも私がお会いしている「不思議な世界の方々」は、今こうして先生とお会いしているのと何も変わらなくて、私からすると実在の方々です。この仕組みを先生が教えてくださるかもしれないと、ワクワクしています。光と電磁波。この言葉が頭の中でぐるぐる回っているのですが、先生のご研究と関係がありますか？

保江　それにお答えする前に、この世界の成り立ちを説明しなければなりません。松原さんは今日、ちょうどいい具合いに水玉模様の服を着ていらっしゃるでしょ。僕も説明しやすいようにこのTシャツ[*1]を着てきました。近くで見ると粒々ですが、遠くからだと赤ん坊の写真に見えます。もとになった写真はこちら（下段参照）。

＊1 この日に保江氏が着ていたTシャツのアップ（右）。離れて見ると、赤ん坊の写真（左）であることがわかる。

この赤ん坊の写真は、3次元の空間で光の刺激を受けて撮影したものです。こうして見ると赤ん坊ですが、うんと拡大していくと、こんなふうに水玉模様みたいな粒々に見えてくる。人間や宇宙の本質は、じつはこのようになっています。

これを最初にいいだしたのが、ノーベル物理学賞を受賞された湯川秀樹[*2]先生です。先生は晩年「素領域理論」といって、空間を細かく見ていくと泡のような領域があるという説を提示されました。

素粒子[*3]という言葉を聞いたことのある方は多いでしょう。この素粒子で物質がつくられていると、われわれは考えています。素粒子が何かということも本当にはわかっていないのですが、それはさておき、素領域理論においては、素粒子というのは空間のどこにでもあるのではなく、泡のような領域の中にのみ存在します。泡と泡の間がどうなっているのかは、もうわれわれが感知できない世界ですが、とりあえず泡がいっぱい集まっている空間を3次元の空間だと思っているだけなのです。それが素領域理論の考え方です。

＊2 理論物理学者。1949年に「核力の理論研究に基づく中間子の存在の予言」によって日本初のノーベル物理学賞を受けた。また、素粒子の統一理論を達成することを試み、時間空間の領域は無限に分割できるのではなく、分割不能な基本領域があるとする素領域の理論を提唱した。なお、保江氏は湯川氏の最後の弟子である。

＊3 物質を構成する基本的な粒子という意味。1930年代には陽子、中性子、電子、光子を素粒子と呼んだが、その後、200種類以上の素粒子が発見された。また、陽子や中性子は複合粒子であることが明らかになっている。

そして、この泡にはいろいろなタイプがありまして、いちばん多いのが3次元に属する立体の泡です。しかし、じつは2次元に属する平面の泡や、1次元に属する直線の泡もある。さらに、もっと高次元、たとえば4次元の泡、5次元の泡、6次元の泡もあります。これは数学の理論で説明がつきます。

われわれの体、つまり物質をつくっているのは3次元の泡の中にある素粒子です。それをわれわれは立体的なもの、物体として認識します。つまり、3次元の立体的な空間の中を飛んでいる光を視神経がキャッチして、脳の視覚野に信号を送るわけです。

松原　今のお話で思い当たることがあります。前々から、不思議な世界の方々はスクリーンのような薄い膜に映しだされているのではないかと考えていました。ほら、昔の映画って、映写機から光を出してスクリーンに映したでしょう。もしかしたらあれと同じようなものかな、と思ったのです。なぜかというと、人間の目は面白くて、薄い膜に映ったものでも立体だと錯覚するじゃないですか。

保江　はい、われわれは実際に錯覚していますね。

松原　スクリーンに映しだされた画像に色の濃淡や光の陰影があるから立体に見えるけれど、実際には一枚の薄い膜ではないかと思って見ています。

あのね、先生。私自身も解明したいのです。私自身が見ているものをなぜほかの人と一緒に見られないのかを。それで自分なりに考えていくと、見る角度の違いかしら、と思えました。一枚の薄いスクリーンですから、私からはちゃんと立体的に見えても、見る角度が違うと細くて透明な線みたいになって、そこに映っている画像が見えないのかもしれない。そういうふうに自分なりに理解しているのですが、おかしいですか。

保江　正しいです。われわれはたまたま3次元の素領域の中にある素粒子でできた体を持っているから、世界を3次元の広がりだと認識しているだけです。もしも4次元、5次元の素領域の中にある素粒子でできた体を持っていたら、4次元、5次元の世界を認識できます。そして実際のところ、3次元の泡がいっぱいあるこの空間に4次元や5次元の泡も存在しています。われわれには認識できませんが、3次元の世界と重なっているのです。

昔、プラトン[*4]がイデア論[*5]というものを提唱しました。そのなかでプラトンは、イデアという世界、つまり3次元の世界ではない4次元、5次元で起こった現象が、3次元の世界では洞窟の壁に映っているように見えると述べています。

松原さんもわれわれも体は3次元にありますから、たとえば高次元から降りてくる情報を松原さんが見るときは、おそらくプラトンがいうように、2次元の素領域の泡がスクリーンのような役割を果たして、そこに高次元の情報が映し込まれるのでしょう。松原さんは、それをご覧になっている。松原さんのところにやってくる高次元の人々が、そのように取りはからってくれ、情報を与えてくださる。きっとそうだと思います。

松原　先生が4次元、5次元と話されるのを聞いていたら、ちらち

＊4 紀元前5〜前4世紀に活動した古代ギリシアの哲学者。ソクラテスの弟子であり、アリストテレスの師。この世界を非実在の現象界と真実在のイデア界の二元論でとらえ、観念論哲学を創始した。

＊5 プラトン哲学の用語で、時空を超越した非物体的かつ絶対的な実在。たとえば個々の美しい事物は、美のイデアを原型とする摸像である。なお、イデアとは、見られたもの、形、姿の意。

らと見えてきたものがあります。教科書のような本で、目が描いてあるのですが、これは何でしょう。

保江 ああ、はいはい。完全調和の神の目です。素領域と素領域、つまり泡と泡の間は神の空間で、そこに神の目があると僕は考えています。そのことを表しているとしか思えない絵画作品に出会いまして、『神の物理学』（海鳴社）という本に掲載させていただきました。松原さんがご覧になったのは、おそらくその絵ですね。[*6]

「水の中に72のハフニウムを溶かせ」？

――じつは、この対談が実現したら、ぜひとも保江氏にお見せしたいものがあった。松原氏のサイト「幸福への近道」に、2011年5月9日にアップされた文章だ（次ページ）。放射能を除去する方法

＊6 松原氏が透視したと思しき「目」は、保江氏の著書『神の物理学』に掲載されていた松井守男画伯の絵画作品だった。

〈世見〉2011 / 05 / 09

昨夜、夢を見ました。

あの夢が正夢なら、私はどんなに嬉しい事でしょう。


今回の福島原発内に溜まっている高濃度の放射能水の吸着には、火山灰土が良いと云って、
皆が富士山の麓から長い行列を作り、ホイサ・ホイサと福島原発までバケツリレーをしているのです。

「火山から噴き上げる時の温度は、地球上の自然界では最高の温度です。

人工的にあの2000度を超える温度って、そうは作れないと思うのよ。」

「この土に含まれる酸化鉄が、最高」と、云っている人もいました。

次の場面も、多くの人がワッサ・ワッサと言って
「水の中に72のハフニウムを溶かせ、溶かせ」と言いながら、かき混ぜています。
その溶けた水を溜まった放射能水に流し込んでもいます。
「73のタンタルで固めろ、固めろ」と云って、原発の炉にかけているのです。

皆でかけ終わると、今度は、「74のタングステンシートをかける、かけろ」と云って、
大きな大きなシートを炉の上から覆っています。
このシートは、この時見渡すと至る所でかけられていました。
82の鉛を海岸辺りに貼り付ける人々が、「海を助けろ、助けろ」と云っています。

又、こんな声も聞こえました。

「融点327.4℃以上に上げろ。比重11.34に対し、硬度1.5を上回れ。

空気中で酸化されにくいが、さびをつくれ、このさびは緻密で内部進行しない。

この事を理解して海を助けるのだ。」


「ゼオライト」

これも心の何処かで気になっています。

ハフニウムが水に溶けるかは疑問だが、もし溶ければ何かが起きるかもしれない。

※一部抜粋、原文ママ

が書かれているようなのだが、この文章が何を意味しているのか、具体的に何をどうすればよいのか、一般人にはまったく見当がつかない。これを保江氏はどう見るのか。

保江 ここに書かれている内容はすごいですね。原子番号72のハフニウム[*7]って、一般の人はご存じないでしょう。物理学者でもそんなに知らないと思います。

松原 この「72」は合っていますか？ 何もわからないけれど、聞こえたまま書いたのですが。

保江 はい、合っています。なぜ僕がハフニウムを知っているかというと、ある施設から依頼を受けて、ハフニウムの原子模型をつくるお手伝いをしたことがあるからです。

そのハフニウムが松原さんの文章に出てきたのはなぜだろうと思いました。放射性のさまざまな元素を除去するためにハフニウムがなぜ必要なのか。現代の物理学では、常温での核融合[*8]・核分裂はできないことになっています。ハフニウムを混ぜ込んでも電子の軌道

＊7 チタン族元素のひとつ。原子番号72。中性子を吸収するため原子炉の制御に用いられる。発見地コペンハーゲンのラテン語名ハフニアにちなんで命名された。

＊8 常温核融合は、1989年にマーティン・フライシュマンとスタンレー・ポンズによって発見された。熱核融合がセ氏1億度近い熱と高圧、それを実現するための巨大な装置が必要であるのに対し、常温核融合では室温からセ氏約1000度の温度帯で、水素原子の核融合反応が起きる。凝集系核反応、低エネルギー核反応と呼ばれることもある。

にしかタッチできませんから、放射能を除去できる・できないという議論にはならないでしょう。

でも、ここに出てきたということは、原子核になんらかの影響を与えてタンタル[*9]にするということかな。とりあえず、ハフニウムとタンタルとタングステンシートを使って、このとおりにやってみるといいかもしれませんよ。鉛は放射線をとめることできるから、ハフニウムから出発して、最後は鉛にまで融合させていくということなのかもしれない。

松原　私、面白いことを書いていますか？

保江　ええ、面白いですよ。火山灰の土がよい、と書かれていますね。これは事実です。僕は岡山県の出身なのですが、県の北部の土は多孔質の火山岩でできていまして、この土を製品化したものをあまりきれいじゃない水に投入すると、微生物が活性化して浄化作用が促進されるというデータがあります。

松原　ゼオライト[*10]は、ここに書いてあることの意味はちょっとわか

＊9 バナジウム族元素のひとつ。原子番号73。熱交換器や冷却器などの化学工業用耐酸材、真空管の材料、外科手術の材料などに用いられる。タングステンが用いられる以前は電球のフィラメントに使用された。

＊10 沸石とも呼ばれる。粘土鉱物の一種として1756年に発見された、多孔性の結晶性アルミノケイ酸塩。分子ふるい作用、イオン交換能、触媒能、吸着能などの特性があるため、脱臭、水質の改善、土壌の改質といった幅広い分野で活用されている。

りませんが、においを消すということは知っています。以前、食品加工機械の製造会社にお勤めしていたのですが、揚げ油が古くなると独特のにおいがするのをなんとかしたいと相談されたときに、不思議な世界の方がゼオライトを見せてくれました。それをどうすればよいのかをさらに見ると、焼成して多孔質の塊にしたものを油に放り込めばよいとわかったので、そのとおりに実験をしてもらったのです。そうしたら、においが消えて揚げ油が少し長もちするという結果になりました。

保江　多孔質だからにおいを吸着するわけですね。

松原　以前は私が見えたことをもとに実験して、事実かどうか確認してくださる方々がいて、面白いことがいっぱい起こりました。

たとえば、もうだいぶ前ですが、若狭湾[*11]で重油が海に流れだしたことがあります。あのとき「こうすると直る」というのが見えたので、当時お世話になっていた方にお伝えしたら、その方が若狭湾までわざわざ重油まみれの海水を汲みにいってくださって。それで私

＊11　1997年1月2日、島根県隠岐島沖において、重油を積んで上海からペトロパブロフスクへ航行中のロシア船籍タンカー、ナホトカ号に破断事故が発生。海上に流出した重油は日本海沿岸の10府県に漂着し、環境と人々の生活に大きな打撃を与えた。

が見たとおりに実験をしたら成功しました。

保江　ほう。

松原　どんな実験をしたかというと、粉末にした籾殻をハンバーグみたいな形に固めて、汲んできてもらった海水に放り込みました。ただ、海水そのままでは、あまりうまくいきませんでした。成功のポイントはニガリの濃度を上げることで、そうすると籾殻のお団子がすぐに油を吸着するのです。

保江　そうですか。今回も、ハフニウムから出発してやってみればいいと思いますよ。まずは水に溶けるか溶けないかというところから。それこそ火山灰の土を素焼きにして、ミクロの穴を残したままで、そこに水とハフニウムを加えたらどうでしょうね。だったら溶けるかもしれない。自然科学の世界には、まだわれわれが知らないことがたくさんありますから。

それにしても、ハフニウムね。ウラニウムくらいならみんな知っているだろうし、書けるかもしれませんが、ハフニウムという言葉は当てずっぽうで書けるものではありません。

海は放射能を受けとめてくれるか

松原　ここに「海を助けろ」と書いていますけれど、不思議な世界の方に海を見せてもらうと、ものすごい数の元素が海の中にあることがわかります。金もあれば白金もあってアルミニウムも。皆さんは「陸」と「海」って分けて考えているけれど、地球の営みを見ると、陸にあったものが海に流れ込んで、それでいろいろなものができていくのですよね。

このことを考えると、海には私たちが知らない働きがたくさんあるのではないかと思います。海水は、場所によって塩分濃度が少し違うようですが、海流があるからブレンドされて、だいたい均一になっているでしょ。もしかすると、放射能みたいに人間がつくった大変なものを流しても、それを受けとめてくれる何かが海の中にあるかもしれない。そんな話を不思議な世界の方から聞きました。

保江　そういえば少し前にアメリカ人の医師、彼は臨床医ではなく研究医ですが、「ニューイングランド・ジャーナル・オブ・メディシン」という由緒正しい医学雑誌に随筆を連載していました。それによると、水の分子式はH_2Oで、1個の酸素原子に2個の水素原子がくっつき、平均すると5個程度の分子が集まったり離れたりしているけれど、海はすべての分子がつながった、ひとつの超巨大分子だというのです。地球スケールのクラスター[*12]ですね。だから海水をすくいあげることはできるけれど、海全体がバラバラになることはないそうです。だったら放射性のものが流れてきても、海は自分自身の組成としては受け入れないでしょうね。

松原　先生、今聞こえてきた！　地球上には110種類以上の元素があるわけでしょ。だけど、放射性の何やらという元素だけが海の

＊12　広い意味では同種のものや人の集まり。ここでいうクラスターとは、原子や分子の集まりのなかで、特定の原子や分子が結びついてひとつのかたまりとなり、物理的に安定している状態。

中にないと、不思議な世界の方が話しています。

保江　なるほどね。その放射性の元素が何であるかは今すぐにわかりませんが、かつて地球の海は放射能まみれだったのです。

地球が誕生したのは約46億年前といわれていますが、その素材となるものができたのは、おそらく70億年くらい前です。それがそもそも放射能まみれでした。

というのは、１３８億年前に宇宙が誕生したときは水素だけだった。それが核融合して、いろいろな元素ができて、最後に超新星爆発して、ウランやストロンチウムのような放射性の重金属がばらまかれました。80億年前のことです。そのときにばらまかれた放射性のゴミが重力によって集まり、固まってできたのが太陽系であり地球。だから、地球が生まれて海ができたばかりのころは本当に放射能まみれでした。

ところが、年月が経つと半減期[*13]の短い放射性元素は消えていきます。半減期の長い元素はまだ残っていますが、それも海というひと

＊13 放射性物質は、壊変（原子核が放射線を出して別の原子核に変わる現象のこと）をくり返し、最終的に安定した物質に変化すると放射線を放出しなくなる。壊変によってはじめの放射性物質の数が半分になるまでの時間を半減期という。

つの巨大分子の中に入っているのだから、悪さはしないでしょう。海は地球にとって体液のようなもので、浄化作用があるのです。

急に神道の話になるけれど、瀬織津姫《せおりつひめ》や速開都比咩《はやあきつひめ》という水の女神様が浄化してくださるでしょ。そういうものです、海は。

四方が海の日本はその利を生かすべき

保江　日本ってね、国土面積は狭いけれど、領海と排他的経済水域の面積は広くて世界ランキングが6位*14です。日本が持っている海水の量はすごい。だから、これからは海水を利用しなくちゃ。5月11日の〈世見〉（23ページ）に書かれている「水に溶かす」というのも海水でやってみたらどうでしょう。それ以前に、おそらくハフニウムも微量ながら海水に含まれているはずです。日本近海の海底には火

＊14　1〜5位は以下のとおり。
1位　アメリカ
2位　オーストラリア
3位　インドネシア
4位　ニュージーランド
5位　カナダ

山があるし、火山灰の土も多いから、「高濃度の放射能水の吸着には火山灰土がよい」という部分も海の中なら自然にクリアできる。

ひょっとしたら、海の中で起きていることを、ここに松原さんが書いてくださったのかもしれませんね。海底の土はもともと火山灰が多いし、ハフニウムもあります。つまり、福島原発事故の処理水を海に流しても大丈夫だということを、不思議な世界の方が教えてくれたのではないかな。僕はそう思います。

松原　これを書いたとき、山から噴出する物の温度[*15]が地表ではいちばん高いということを教えてもらいました。温度というのも、すごく面白い要素だと感じています。

保江　そうですね。

松原　今聞こえてきたのですが、南極[*16]でいちばん低い気温がマイナス79・……ちょっと聞き取れなかったけれど、マイナス80度近いそうです。だから、ひょっとしたら海の温度にもポイントがあるのかな、と思いました。福島原発の処理水が何度かは知りませんが、ハ

＊15 火山から噴出したときのマグマの温度はセ氏800〜1200度で、地下深くのマグマの温度はセ氏1300〜1400度だといわれている。

＊16 これまでに南極で観測された史上最低気温は、セ氏マイナス97・8度（2018年7月）。地球上で理論上ありうる最も低い気温に近いという。

フニウムが溶ける水温というのがあるのかもしれません。

保江　温度と、あとは圧力ですね。海底火山の近くなら温度も圧力も高くなっています。そんなふうに、さまざまな条件の場所が海の中にはあるわけです。

新幹線の中の世界とホーム上の世界

松原　お話を聞いていて、もうひとつ気づいたことがあります。いつも新幹線で東京から大阪まで行くときに、「のぞみ」に乗ると停車しない駅がたくさんあって、動いている新幹線の車窓から駅のホームを見ると、立っている人の顔が見えるでしょ。皆さん、それが当たり前だと思っているけれど、当たり前じゃないと思うの。

新幹線は最高時速285キロで走っている。なのに、ホームにいる人は止まって見える。おかしくありませんか。じゃあ、動いている世界と、止まっている世界の境界はどこにあるのでしょう。どこからが動いている世界なのか、いつもわからなくて。

保江 そのとおりです。われわれは教育によって慣性の法則[*17]だと思わされたり、物理を学んでいる人ならローレンツ変換[*18]あるいはガリレイ変換[*19]という概念で説明したりするけれど、実際にはまったく関係がありません。『マトリックス』という映画をご覧になりましたか？　むしろ、あっちのほうが正しい。

物理学者の中込照明[*20]さんが提唱する唯心論物理学というものがありまして、それによると、じつはわれわれの心が鍵を握っているそうです。この場合でいえば、動く新幹線の中にいる人の世界とホームにいる人の世界をつなぐ変換法則は、どのようにも選べる。だから、松原さんが直感的に向こうもこっちも止まっていると認識するのは当たっていますよ。

松原 それにしても不思議です。動く新幹線に乗っている人の世界

＊17 物体に外から力が働かないか、働く力がつりあっている場合、静止している物体は静止しつづけ、動いている物体はそのまま等速直線運動をつづける。これを慣性の法則という。

＊18 異なる動き方をしているふたつの座標系（世界）の時刻や空間を結びつけるような変換。時間の進み方が観測者によって異なるということに帰結する。

＊19 互いに一定の速度で動いている座標系の間で、ニュートンの運動の法則の形を変えないような変換。時間の進み方は共通であると仮定されている。

＊20 理学博士。専門は理論物理学、情報科学。著書に『万物の起源：唯意識論が全てに答える』（海鳴社）など。保江氏の盟友。

と、ホームで停止している人の世界があるわけでしょ。その境界がわかりません。

保江　境界はね、同じところにはないのです。ふたつの世界はそもそも土俵が違いますから。

上空を飛ぶパイロットの笑顔が見えた！

――自分がいる「こちらの世界」と、相手がいる「あちらの世界」では「土俵が違う」。しかし、新幹線の中にいる人とホームにいる人が見つめあえるという不思議。じつは保江氏も、距離的にはかなり離れ、しかもまったく異なる速度で動いている相手を間近に感じたばかりか、ひたと見つめあった経験があるそうだ。

保江　２０２０年に、航空自衛隊のブルーインパルスが東京の上空を飛んでくれたでしょ。僕はああいうのが大好きなの。やっと間近で見られるのが嬉しくて、自宅の窓を開けて待っていたら、向こうのほうから飛んできた。ああ、来た来たと思って見ていたら、自宅の上空をスーッと通過するときに、先頭のパイロットと目が合ったんです。向こうもニコッとしてくれて。もう感謝の気持ちがあふれて半ベソになっちゃった。もちろん写真も撮りましたよ。

その日の出来事が嬉しくて、みんなにいいました。パイロットが僕のほうを見てニコッとしてくれたぞ、と。そしたら、信じてくれないわけ。そんなの見えるはずがないだろうって。

じゃあ写真で確認しようと思って改めて見たら、すごく小さいんですよ。戦闘機ですら米粒[*21]みたい。だからね、コックピットが見えるわけはない。でも、肉眼で見ていたときには、僕のすぐ近くにコックピットがあって、操縦席にパイロットがいて、ニコッとしてくれたのがリアルに見えました。

さきほど松原さんが、新幹線の中からホームの人の顔が見える・

＊21 地上からブルーインパルスの編隊飛行を普通に撮影すると左のようになる。常識的に考えれば、この状態でパイロットの顔が見えるはずはない。

見えないというお話をされたでしょ。僕が体験したこともそれと同じで、普通に考えたら、戦闘機が遠くのほうをヒューッと飛んでいるときにパイロットの顔が見えるわけはない。でも、人間という存在がこの3次元の世界を超えた存在であるなら、物理的に数千メートル離れていても、ほんの数メートル向こうにいるかのように感知することはできるはずです。

松原　千里眼という言葉がありますね。今のお話のように見えないはずのものが見えるから、そんな言葉が生まれたのでしょうか。

保江　そうですね。肉眼で見えるかどうかは別にして、コックピットの内部やパイロットの表情というのは、情報としては存在しています。それをもらえばいいわけで、そういうやりとりは、われわれが考えている以上に膨大な量です。

――情報のやりとりといえば、量子の世界では、量子が互いに情報をやりとりしているとしか思えないような、不思議な現象が観測されている。それが「量子もつれ」で、ふたつの粒子の間に強い結びつきが生まれる現象だ。ひとたび粒子同士に量子もつれの関係ができると、どんなに遠く引き離されても（それこそ銀河の端と端に離れても）ふたつの粒子はスピンや運動量などの状態を「コインの裏表」のように共有する。たとえば片方の粒子が上向きにスピンしはじめると、もう一方の粒子は下向きにスピンしはじめる。

松原氏や保江氏が体験したことは、極端にいえば、この量子もつれのようなことなのだろうか。

保江　そう、量子もつれね。おそらく、ブルーインパルスにまったく興味のない人が見ても、はるか上空を飛行機が飛んでいるようにしか見えないでしょう。僕みたいに猛烈に興味があって、しかも生まれてはじめて見るから必死で、純粋な子供みたいな気持ちになっている。そういうときに見えるのだと思いますよ。

――そして、量子の不思議なふるまいというか、あり方として有名なものがもうひとつある。波と粒子、両方の性質を持っているということだ。これは、物理学の教科書などによく出てくる「二重ス[*22]

＊22 2本の細いスリットに向けて電子を打ち込むという実験をしたとき、電子が「粒」であれば、奥のスクリーンには2本の筋が現れるはずだが、実際には干渉縞が現れた。干渉縞は複数の波が干渉しあうことによって発生するものなので、この結果は電子が「波」の性質を持つことを示している。

ところが、個々の電子が2本のスリットのどちらを通過したのかを調べるために観測機器を置いたところ、干渉縞は消えて2本の筋のみが現れた。そして、観測をやめると再び干渉縞が現れた。人間による観測という行為が、電子のふるまいを決めたとしか思えない結果となった。

リット実験」によって証明されている。そして、じつはこの実験で起こる現象は、素領域理論では「不思議」ではないという。

保江　量子力学だけで考えようとすると、二重スリット実験は不思議だな、となりますが、素領域理論だとそうでもありません。

先ほどもお話ししましたが、空間には素領域がいっぱい集まっているところもあれば、あまり集まっていないところもあります。1個の電子は、素領域から素領域へとぴょんぴょん飛び移っていくわけですから、素領域があまりない空間へは行きにくい。反対に、素領域がいっぱいある空間のほうが傾向として行きやすい。

ですから、空間がまずあって、そこに物体としてのスリットがあるという状況下で素領域が均等に分布していれば、電子を打ち込んだときに右へ行く電子の数と左へ行く数は等しいはずです。

しかし、シュレーディンガー[*23]の猫のように、観測するという人間の行為が素領域の分布に影響するのであれば、電子の行く先はそれに左右されます。そういう説を、じつは僕が出しました。素領域で

*23 次ページ下段参照

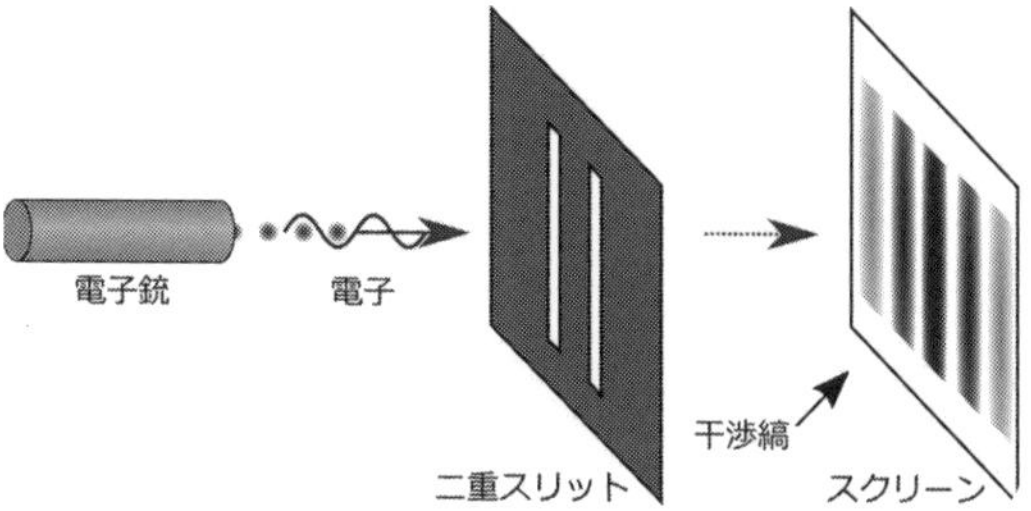

解説するのがいちばんわかりやすいと思っていますので。

静寂に包まれた瞬間、方程式が見えた！

――18ページでも少し触れているが、素領域理論を提唱したのは湯川秀樹氏である。ただ、湯川氏は具体的な方程式を示したわけではなかった。保江氏は、京都大学の大学院生であった時代にこの未完成の素領域理論を継承し、1979年に「ヤスエ方程式」[*24]を見いだす。スイスのジュネーブ大学で講師を務めていた時期だ。その瞬間の出来事は、まさに奇跡としかいいようのないものだった。

保江　あの方程式は、ドイツのアウトバーン[*25]を飛ばしているときにここ（額のあたり）に出てきたので、それを論文にしました。

どういう状況だったかというと、はじめて買ったイタリア車、ラ

＊23 オーストリアの物理学者、エルヴィン・シュレーディンガーによる思考実験。箱の中に、1時間以内に50パーセントの確率で崩壊する放射性原子と、放射性原子の崩壊を観測すると毒ガスを出す装置と、猫を入れる。1時間後に箱の中を見たとき、放射性原子が崩壊していたら猫は死ぬが、原子がいつ崩壊するかは量子学的プロセスなので一定ではなく、猫がいつ死ぬかも一定ではない。いい換えれば、箱の中の猫は、生死を観測されるまで、生きている状態と死んでいる状態が重なりあった状態で存在する。だが、これは明らかにおかしい。シュレーディンガーはこの思考実験を通じて、「観測される前の粒子は複数の状態で存在し、観測されることでひとつに収縮する」という説の奇妙さを指摘しようとした。

ンチアのクーペが時速200キロを出せるというから試してみようと思って。スイスだと高速道路の制限速度が130キロだから、たまたま学会でドイツに行ったときに速度無制限のアウトバーンを走っていました。

アクセルを踏んでスピードを上げていくと、イタリア車だし、音も振動もすごいのよ。でも、190キロになったとたん、まったく振動がなくなり、エンジン音も消えて、景色が静かに流れだしたのです。「えっ、俺はもしかしたらどこかに激突して死んだのかな」と思うくらい静寂な世界。そのとき額の裏あたりに絵のようなものが見えて「あれ?」と思った次の瞬間、静寂が破られ、グーッとすごい音が聞こえてきました。疲れているのかな、と思ってスピードを落としてアウトバーンを出て、そのへんの宿で晩御飯を食べてシャワーを浴びて、ベッドに横になった瞬間に思いだして、「あの方程式はなんだったかな」と思って、ホテルの便箋に書いた。

方程式には一応、僕の名前がついていますが、計算で出したわけ

＊24 ヤスエ方程式は以下のとおりである。

$$\frac{\partial L}{\partial x(t)} - D^* \frac{\partial L}{\partial Dx(t)} - D \frac{\partial L}{\partial D^* X(t)} = 0$$

＊25 ドイツ全土を走る世界的に有名な高速道路。

でもなんでもないのです。でも計算してみたらシュレーディンガー方程式が出てきたから、じゃあこれがいちばん深い方程式だ、素領域から素領域へぴょんぴょん飛んでいく素粒子の運動、量子力学の背後にあるものを説明できるんだと。夢のような話です。

松原　これを見ても意味はわかりませんが、先生の心の中にあるものがひとつ欠けているか、消えているように思います。イメージ的には「Z」みたいな形をしたものが消えているの。なぜ消えているのかな、と思って。

保江　なるほど。すごい。

松原　この方程式はどういう意味ですか。どういうことをいっているのかを教えてもらったら、もっと見えるかもしれない。

保江　意味はわりと簡単です。たとえば500円玉がありますね。これをポイッと投げたら1本の線を描いて飛びます。なぜそのように飛ぶのかというと、運動方程式に従ってそう飛ぶのだという表現もありますが、昔、モーペルテュイ[*26]というフランスの数学者が、あ

*26　1698〜1759年。ニュートン力学の理論をフランスに広めるのに貢献した。1736〜1737年、アカデミー・デ・シアンス（フランス科学アカデミー）の委嘱を受け、観測隊を指揮してラップランドへ赴き、地球が南北に扁平な楕円体であるというニュートンの学説の正しさを実測によって裏づけたことで知られる。

らゆる可能性のなかから神様が常にたったひとつの軌道を選んでくださるのだという論法で、神の存在を証明しようとしました。それをモーペルテュイの最小作用原理といいます。

そういう考え方は面白いということで、それ以降、ニュートンの運動方程式とかはあまり使われなくなって、あらゆる可能性のなかから「作用」という物理量を最小にするような運動が実現するのだと。それが物理学の基本原理になりました。

ところが1926年ごろに量子力学が生まれて、素粒子の運動経路といったものがあやふやになったために、素粒子がこう飛んでいる、動いているという表現自体が危ういものになりました。したがって、最小作用つまり物理量を最小にするように素粒子が運動するという見方はできない。ずっとそう思われてきたのです。

僕はそのころ大学院生でしたが、500円玉のような、あるいは月や太陽のような大きいものについては作用が最小になるよう神様が軌道を選んでくれているのに、電子や素粒子になったらそれは当てはまらないというのはおかしいと思った。物理原理は全部に当てはまらなくちゃいけないから、電子が二重スリットを通過するときに、作用という物理量が最小になるように飛んでいくから両方通過したように見えるだけだと。そういう量子力学の枠組みがほしかった。アウトバーンを車で飛ばしていたときに出てきたこの方程式は、電子や素粒子が作用という物理量を最小にするように動いていることを物語るものです。

松原　先生のお話だと、1本の線を描いて動くように見えているものが、実際にはそうではないということですか。

保江　そのとおりです。目に見えるような大きさのもの、月や太陽や500円玉は曲線を描いたりして連続的に動くのですが、素粒子は非連続的に動いている。しかし、いずれも物理量を最小にするような運動をしている。そういうことです。

第2章

視力と透視能力が重なりあうとき

ニューヨーク47番通西302を透視した!?

――「不思議な世界の方々」の力を借りて、古今東西のさまざまな事象について「見える・聞こえる・感じる」という能力を発揮する松原氏。ではいったい、どんなふうに見え、聞こえ、感じているのだろうか。その点について、興味深いエピソードをひもときながら掘り下げていきたい。

まずは、2015年7月12日に「幸福への近道」にアップされた文章である（次ページ）。このとき松原氏は、まさに聞こえたまま、見えたままに固有名詞や特定の場所に関する情報を書き込んでいる。これはいったい何を示しているのか。

松原　この原稿をサイトにアップしてもらったのが7月12日でしょ。この3か月くらい後に、何人かの知人と一緒にニューヨークへ

最近、行きたい国々。　2015 / 7 / 12

ニューヨーク47番通西302の HOTEL SHERMANにも行ってみたいのですが、このホテルってあるのかなぁ。

又、ニューヨークにこんな番地って存在するのかなぁ。


今日、ブルーグレーのおばちゃまが四時起こしてくれました。

何となく今書いたところってブルーグレーのおばちゃまとご縁があるようにも思いますが、

「エンリコ・レスタさんと今も仲良くしています」

とブルーグレーのおばちゃまは言っておられたのですが、エンリコさんって誰なのですかネ。

ニューヨークのH・P・B？ 2015 / 12 / 3

今日ニューヨークの旅を思い出していたら、ニューヨーク47番通西302には、H・P・Bという人が二階に住んでいたようなのです。

H・P・Bとは誰なのでしょうネ。

そしてネ。

昭和57年頃はやっぱりHOTEL SHERMANだったと聞こえた気がしたのです。


何が何だかわからないのですが、ニューヨークのH・P・Bの客室で名のある協会が崩壊し始めたそうです。

その場所がニューヨーク47番通西302。ホテルの前はラマ僧院？

今見えた絵のような一枚は、５階建てで屋上の煙突から煙が出ています。

※一部抜粋、原文ママ

行くことになりました。そうしたら、これを読んでくださったアメリカ在住のお知りあいが、この住所が本当にあるかどうか、ホテルが建っているかどうか確かめにいこうとおっしゃって。

保江　それで一緒に行かれたの？

松原　いえ、私は現地で都合が悪くなってしまったので、その方がお嬢さんとふたりでこの住所へ行ってくださって、戻ってから大興奮して電話をくれました。住所は確かにあったし、ホテルも建っていたと。ホテル・シャーマンという名前ではなく、エコノ・ロッジ[*1]という名前だったけれど、フロントで尋ねたら、支配人の名前がシャーマンさんだったのです。電話をいただいたときは私も大興奮しました。すごい、あったね、聞こえていたことは正しかったね、と一緒にはしゃいでしまいました。

――松原氏はニューヨークから帰国後、月刊「ムー」の連載記事について担当者と打ちあわせをしたときに、目を輝かせながらニューヨークでの出来事を語ったという。そして、「この場所はブルーグ

＊1 ニューヨーク47番通西302にあるホテル。現在も営業している。

レーのおばちゃまと関係があるように思うけれど、どういう関係があるのかはわからない」とも。

「ブルーグレーのおばちゃま」とは「不思議な世界の方々」のひとりで、約40年前にはじめて松原氏の前に現れた中年の女性である。印象的なブルーグレーの瞳にちなんで松原氏がニックネームをつけた。「おばちゃま」は松原氏に文章を書くことを強くすすめ、しばしば姿を現しては「書きなさい！」と促した。

松原　ブルーグレーのおばちゃまがいらっしゃるようになって何年後だったかはよく覚えていませんが、親しくしていただいている方が女性の写真を見せてくれて「この人を知っていますか？」というのです。見たら、おばちゃまだったのでびっくりしました。

――　このとき松原氏は、ブルーグレーのおばちゃまの正体が、神智学協会[*2]を設立したブラヴァツキー[*3]夫人であることを知る。彼女がなぜ松原氏の前に現れるのかは不明だが、その後も折に触れて松原氏のもとを訪れ、現在もメッセージを伝えつづけている。

＊2　1875年にブラヴァツキー夫人（次項）とH・S・オルコット大佐によってアメリカのニューヨークに創設された神秘主義的宗教結社。神秘的な体験によって神の本質を把握できるとし、さまざまな宗教の統合を目的とした。

＊3　ヘレナ・ペトロブナ・ブラヴァツキー（1831〜1891年）。ロシアの神秘思想家で、神智学協会の創始者。幼少期より霊能力を発揮し、20歳のころには当時最高の霊媒としてヨーロッパ、アメリカ、エジプトで活躍した。事業家・探検家でもある。

松原　担当の方と打ちあわせをしたとき、ニューヨークのあの場所とブルーグレーのおばちゃまと関係があるかどうか、自伝か何かを調べて確認してみるといわれました。

じつは、もうひとつ気になっていることがあったの。これを書いているときから建物の絵みたいなものがちらちらと見えていた。描いてファックスするからね、と担当の方に伝えて別れました。

――　この日、松原氏と打ち合わせを終えた担当者は、ただちに大型書店へ足を運び、1冊だけ在庫があった『近代オカルティズムの母　H・P・ブラヴァツキー夫人』（竜王文庫）を入手した。担当者は少し驚いたそうだ。というのも、店頭で確認したところ、この本は初版が1981年で、最近刷られたのは2002年。普通に考えればとっくに出版社へ返本されてもおかしくないのに、よく残っていたものだ、と思ったという。

担当者が帰宅すると松原氏からファックスが届いており、そこには5階建ての建物[*4]が描かれていた。しばし眺めたのち、本をざっと

＊4 松原氏から送られてきた建物の絵。

＊5 本の口絵に掲載されていた建物の絵。

見ておこうと思い、パラパラとページをめくった瞬間、頭が真っ白になった。なんと、買った本の口絵に、松原氏が描いた絵と寸分たがわぬといってもよい絵[*5]が掲載されていたのだ。

保江　ホントだ。似てる。まさにそっくりです。

松原　担当の方から電話をもらって、ふたりで大騒ぎしました。しかも、ホテル・シャーマン[*6]もちゃんとあって、ブルーグレーのおばちゃまが住んでいたと知って、本当に驚きました。

保江　ちゃんと看板が出ていますね。ホテル・シャーマンと。

——なお、松原氏が書いた内容について担当者が調べた結果、神智学協会が入っていた建物が、のちにホテル・シャーマンになったことがわかった。また、47ページの文中に出てくる「エンリコ・レスタ」はブラヴァツキー夫人のポートレートを撮影した写真家で、神智学関係の記事などでよく目にするブラヴァツキー夫人の写真[*7]は、この人物が撮影したものだ。そして、「ラマ僧院」というのは神智学協会が入っていた建物の通称である。

＊6 神智学協会が入っていた建物は、のちにホテル・シャーマンになった。

＊7 エンリコ・レスタが撮影したブラヴァツキー夫人の写真。

遠隔地も未来も体の中も透視できる⁉

松原　ひとつお聞きしたいのですが、「透視」と皆さんよくいうでしょ。透視ってどんなものですか。映像で見えるの？　私がしているのは透視なの？

――イエス、としかいいようがない。透視とは、時間や空間を超えて映像を見ることだから、まさに松原氏は透視をしている。どのように見えるかについては個人差があるだろうが、映像が頭の中に思い浮かぶという表現が近いかもしれない。ところが、これを松原氏に伝えると……。

松原　思い浮かべているのとは違う。見えるの。

たとえば、私は横文字がすごく苦手です。「ＨＯＴＥＬ」くらいはわかるけれど、知らない英語が見えてきたときは、（不思議な世界の方が）１文字ずつ大きくアップにしてくれます。

保江　ズーム機能があるんですね。

松原　いちばん困るのが中国の難しい漢字です。大きくしてもらってもなかなか書けなくて、平仮名で書くこともありますし、ごめんなさいと伝えて原稿にしないこともありました。

保江　平仮名で書くということは、読み方はおわかりになる？

松原　はい、教えてもらえます。ただ、そのときはわかった感じがしても、目の前に見えている映像から視線を外して、机の上にある原稿用紙を見た瞬間にわからなくなることがあります。それでもまあ、そんな感じで楽しくやらせてもらっています。

保江　透視については僕自身も、意図的にではありませんが見えることがときどきあるし、そういう話を聞くこともあります。

たとえば、２０２０年にブラジルで殺されたということになっている赤松瞳さんという日本人の女性がいます。彼女もかなりの透視能力を持っていました。もともとロシアのサンクトペテルブルクにある研究所にいて、異星人が旧ソビエト政府、今のロシア政府に渡したといわれるさまざまな情報をもとに、たとえばUFOのような乗り物をつくったり、人間に潜在する能力を調査・開発したり、ということをされていた方です。

その一環として赤松さんは、事故で目が見えなくなった、あるいは生まれつき目が見えない子供に、透視能力を身につける訓練をさせていました。そうするとね、視力が多少は戻るのだそうです。

松原　そんなことがあるのですか。

保江　失われた視力を復活させる、ひとつのやり方ですね。それを赤松さんがずっと研究していて、僕も興味をそそられました。

以前、僕の親しい友人を連れて赤松さんにお会いしたことがあって、「彼のことを透視してくれますか?」とお願いしたら、まず彼の体についていろいろと教えてくださった。じつは、僕はまったく知らなかったのですが、その友人は難病の患者だったんです。しかも僕が知らないような病名の。彼女はそれを当てました。

それでまず驚いたのですが、つづきがあります。彼は当時、結婚したがっていたのですが、仲間うちでは「いや、お前は無理だよ。当分結婚できないよ」とからかわれていました。ところが赤松さんは「あなたは半年後には結婚します」と予言したのです。

半年後と期限を切ってしまうところがすごいと思いました。期限を切って予言をすると、それを過ぎたら「外れたじゃないの」といわれるから普通はしないのに、この人は大丈夫かな、と思った。ところが、それが当たったのです。彼自身はなんの努力もしていないのに、17歳年下のすごい美人の子が向こうから接近してきて、あっというまに結婚!

松原 (笑って頷く)

保江 僕自身の体験でいちばん面白かったのは、先日もお話ししましたが、ブルーインパルスのパイロットと目が合ったという、あの一件です(35ページ)。なぜ見えたのかを少し考えてみると、赤松さんの研究によれば、透視能力がつくと視力が追いついてくるわけでしよ。つまり、肉眼でとらえた映像と透視でとらえた映像は重ねあわせることができる。だから見えるのかもしれません。

僕は視力があまりよくなくて、0・2くらいです。本当は眼鏡をかけなきゃいけないのですが、嫌いだからかけない。だから常に視界がぼやけています。ところが、ブルーインパルスを見たときのように、強い興味を持って見るときは、ものすごくはっきりと見えるんです。焦点がぴったりと合って。

この宇宙にあるすべての情報が透視の対象？

――強い興味を持って見れば、常識では考えられないようなものまで見える？　その秘密はどこにあるのだろう。

37ページでも少し触れたが、たとえ肉眼で認識できなくても、ブルーインパルスのコックピットやパイロットの映像は情報として存在している。そのため、なんらかの手段を使って高解像度の映像を撮影すると、あとから拡大して細部を見ることができる。そのような情報は、もちろんわれわれの「目」にも届いている。

保江　たとえばスマホについているような小さいレンズ、小さい受光素子[*8]で撮った画像をあとで拡大すると、けっこう細かいところまで写ってるでしょ。UFOなら窓みたいなものまで判別できたり、そこから異星人がのぞいていたりとかね（笑）。

われわれの目というのは、けっこう立派な機能を備えていますから、網膜にちゃんと情報として写っているものはかなりあると思います。ただ、それを脳が全部処理しようとすると、パンクしちゃうから捨てるんです。得た情報の7～8割以上は捨てて、ラフな情報だけをサッと汲みあげる。でも、ひとつの対象に強い興味を向ければ、そこだけは情報が取れるのでしょうね。そのときの視野の中や自分の記憶の中に情報があれば、そこから取れます。

＊8 光検出器、受光器ともいう。光の強度を検出する素子・装置であり、光の強度を電気信号に変換する。

――なるほど。視神経を経て脳が得た情報を、視野や記憶の中から取りだしてクローズアップしているというわけだ。

ところが、保江氏は、視野の中にも記憶の中にもないはずの情報を得た経験があるという。いったいどういうことなのか。

保江　僕ね、本を何冊か出してるでしょ。僕の本には僕自身が経験した真実だけを書いています。ところが、だれかと僕が会ったときになんらかの出来事が起こって、それについて僕が書くと、そのとき一緒にいたはずの人が「いや、ここに書かれている状況とは違っていた」とか「いや、私はそんなことをいっていない」とか、けっこうそういう食い違いがあるんです。

でも僕は、記憶力は人一倍よいほうなので、「いやいや、あなたはあのときこういいましたよ」と主張するのですが、向こうはそうじゃないという。おかしいなと思っていたところ、この間、久しぶりにお会いした高知の高校の物理の先生、別府《べふ》進一先生といいますが、彼が面白いことを教えてくれました。

じつは、その別府先生はＵＦＯに乗って、地球以外の星に何度も行ったことがあります。そのときの話を彼から聞いて本に書きました。ところが別府先生は、僕にその話を口頭で告げていなかったとおっしゃる。しかし、事実だと。口頭で告げていないにもかかわらず、なぜ別府先生本人しか知らない事実を僕が本に書けたのかわからなかったので、異星人に聞いてみたそうです。なぜ保江は、自分が語っていない真実をああやって本に書けるのか、と。

そしたら、教えてもらえた。たとえば別府先生と高知で会って東京へ帰るときの新幹線の車中。岡山で乗り換えて3時間以上かかりますから、僕はだいたい寝ています。すると寝ている間に、いわゆるアカシックレコード[*9]のように、この宇宙に存在するあらゆる過去や未来の情報のなかから、そのときの保江邦夫に必要なものがどんどん勝手に降りてくるといいますか、ダウンロードされるんですって。

それで、東京に着いて目が覚めたときには、ダウンロードした情

＊9 宇宙誕生以来のすべての事象、想念、感情が記録されているという、世界記憶の概念。アカシックはサンスクリット語のアーカーシャ（虚空）に由来する。神智学協会を創始したブラヴァツキー夫人（49ページ）が最初に使った言葉だといわれる。

報をもとに、自分が別府先生と会ったときに先生はこう語ったと、自分で組み立ててしまっている。でも、その内容は実際に別府先生の体験と一致しているの。

松原　そんなことが起きるんですね。

保江　別府先生ご本人しか知らない事実までも、そうして空間からダウンロードして、それをもとに本を書いていた。なるほど、と思えました。だからね、松原さんもきっと、空間からそういう情報をダウンロードして書いたり、絵にしたりしている。

僕の体験からしても、たぶんブラヴァツキーさんも同じように考えていると思いますが、この宇宙にはアカシックレコードのようなものがあり、そこからいろいろな情報が得られる。それによって予言や透視ができる。科学的には説明できませんが、それが今のところ唯一、予言や透視という現象を説明する筋道だと思います。

そして、僕自身もそうだし、赤松瞳さんがやっていらっしゃったように透視ができるようになると、実際の視力もどんどん改善されていく。僕はそこにいちばん興味があります。

松原　先生、私は今77歳ですが、視力は１・２と１・２です。

保江　うわ、すごい。それは驚異ですね。いや、ホントに。

松原　病院へ行ったときに後期高齢者の保険証を置いておくと、視力を測定する方がびっくりしてくれます。毎年、測ってくださる方が変わるので、そのたびに驚いてもらえるから楽しくて。一度、１・５まで見えたんですよ。そのときはもう1回計り直して１・２になりました。

保江　おそらくそれは肉眼の視力ではありませんね。透視能力も使って１・５なんですよ。だから、ズルしてる（笑）。それはよくわかります。じつは人間って、肉眼の視力で見ていると思っても、ある部分では透視といえるような見方をしているんじゃないでしょうか。

僕に透視のことを教えてくださった赤松瞳さんは、ブラジルで殺されたと報道されていますが、実際のところは秘密の研究をはじめたため、ブラジル政府の配慮で殺されたということにしておいて、今もちゃんと活躍されているという情報も、カトリックのほうのネットワークから入っています。

素粒子を透視したら「意思」があるとわかった！

保江　赤松瞳さんの透視能力をチェックするために、かつてマクモニーグル[*10]さんとかの透視能力をチェックした人たちが、あるターゲットの透視を彼女に依頼しました。それはジュネーブのCERN《セルン》[*11]にあるLCN[*12]という加速器です。そしたら赤松さんは見事にそれを描いた。加速装置も描いたし、その中に正体不明のものも描かれていたので「これはなんだ?」と聞いたら、ちょうどヒッグス粒子[*13]が発見されたころで、その散乱の映像[*14]だったのです。あの超ミクロの衝突現象、赤松さんはそれを描いた。

＊10 アメリカの超能力者。アメリカ陸軍とスタンフォード研究所による超極秘計画「スターゲイト計画」（1978〜1995年）に採用された最初のメンバー。この計画は、軍事作戦にリモート・ビューイング（遠隔透視）を使用するというもの。日本では「FBI超能力捜査官」としてテレビ番組に登場している。

＊11 ヨーロッパ原子核研究機構の略称。欧州合同原子核研究所とも。スイスのジュネーブ郊外、フ

そういうチェックを経て、彼女の能力はほぼ本物だと認定されたんです。でも、赤松さん自身は透視すること自体が目的じゃないのよ。視力を改善するために透視というものが使えると。

そこが彼女のすばらしいところだと思います。ただ透視して「透視ってすごい」「超能力だ」などというよりも、人間が本来持っている能力を生かして、松原さんみたいに視力検査に行ったら見えちゃう、みたいな。面白いじゃない。運転免許の試験場で、お年寄りがみんな視力1・5ですとなったら、小気味よいでしょ。

だから、松原さんの透視は肉眼の視力と合体しているというか、境界がもうないんですよ。こうやって松原さんにお会いしたら、もう全部見られていると思ったほうがいい。

松原　この間、東京で講演会をさせてもらったとき、10年前にも来られた方がどんな服を着て、どんな感じで来られたか、その瞬間が映像で見えました。

保江　やっぱりね。

ランスとの国境地帯にある世界最大規模の素粒子物理学の研究所。

＊12 CERNが建設した世界最大の粒子加速器。加速した陽子同士を高エネルギーで正面衝突させることにより、ヒッグス粒子や新しい現象の発見を目指す。

＊13 宇宙が誕生した直後、他の素粒子に質量を与えたとされる粒子。ビッグ・バン後の大進化の証拠となるもので、「神の粒子」ともいわれる。1964年に素粒子の質量獲得モデルを提唱したイギリスの物理学者、ピーター・ヒッグスの名にちなむ。

＊14 光に限りなく近い速度で陽子同士を正面衝突させたときに起こる散乱現象のこと。

松原　映像で見えるから、たとえば数年前にご相談に来られたときの話までわかってお話ししたら、みんなびっくりされて。

保江　でしょうね。

松原　ただ、私自身がどんな人間なのかな、と考えると、けっこう自分勝手なところがあるんです。

保江　いいんですよ、それで。好きなようにしているから透視能力を発揮できる。本来、人間みんなそうした能力を持っているはずなんです。でも、「社会ではこうやって生きなきゃいけない」といって自分を制限して、足かせをはめてる人は、その能力を出せない。

――透視といえば、先述したマクモニーグルは、さる機関から依頼を受けて、素粒子を透視したことがあるという。そのとき、素粒子には意思があるとわかって、非常に驚いたそうだ。

保江　それは正しいですよ。素粒子って、二重スリット実験[*15]でもなんでも気ままに動くでしょ。見られていたら動きが変わるし。人間的ですよね。人間も、だれかに見られていたら落書きをしないでし

＊15　38ページ参照。

ようけれど、だれも見ていないと書いたりする。

そういう素粒子のふるまいを説明するために、アメリカのある物理学者でユダヤ系の方なんですが、素粒子というのは小さいＵＦＯだと。そこには小さい異星人が乗っていて、そいつが勝手気ままにＵＦＯを操って、二重スリットがあるときには「どっちに行ったろか」と、そのときの気分で決める。最終的には、もうその説明しか整合性が取れるものはないよ、というんです。

生きものを構成する素粒子が見える⁉

松原　この間、先生が素領域について話されるのを聞いて思ったのですが、空気を動かすということですね。前に、中国の気功師さんが「エイ！」とやったら、並んでいる人たちが全員倒れるのを見ました。あれと一緒ですね。

保江　そうそう、空間の性質なんです。素粒子の側に変化が起こるというより、その入れ物であり、素粒子が通過していく空間のほうが少しずつ変わっていく。だから素粒子もどっちへ行くかわかんないよ、ということになるわけです。

松原　先生とお会いしてから奇妙なんですよ。この間、先生が着ていらしたTシャツは、赤ちゃんの写真があって（17ページ参照）、色のついた粒々がいっぱいあったでしょ。私たちの目には今、ここに机があって、壁があって、というふうに見えているけれど、本当は粒々だと思いながらずーっと見ていたらどんな形が見えてくるだろうと思って。毎日それをしていたら、生きているものは拡大ができるようになりました。人間がつくった形あるものは粒々になりにくいけれど、植木や花はなりやすいの。

保江　さすが！　やっぱり生きているものは粒々になるんですね。生命というものが存在すること、生きているということは、じつは空間の側に秘密があるのです。

松原　花はちょっとわかりにくいけれど、葉っぱはすごくわかりやすいんです。葉っぱの場所によって粒の大きさが違います。光が当たるところの粒子と陰になっているところの粒子を比べると、光の当たるところのほうが、粒が小さく見えるの。キラキラしていたので、最初は光を反射しているのかな、と思いました。葉っぱにも水分がありますから。

保江　もちろんそういうものでキラキラすることはありますが、もっと細かいところを見ていらっしゃると思います。光が当たると粒が小さく見えるといわれましたが、それは光子が空間をつくりながら進んでいるからです。光が葉っぱに当たったときにキラキラした粒が見えるなら、本当に空間の構造を見ていらっしゃるんですよ。

松原　うちの窓ぎわやベランダはお花だらけですが、どの葉っぱが枯れて黄色くなるのか、先にわかるようになりました。

保江　常に空間のほうを見ていらっしゃるんですね。透視もそうですが、だからさまざまなことがおできになる。

松原　先生とお会いしてから、これまでとは違うことに興味が出てきて、とても楽しいです。

保江　だってね、ブルーインパルスが編隊飛行したときも見えるわけがないのです。数キロくらい先を飛んでいるのだから。でも僕にはコックピットがリアルにはっきりと、パイロットがにっこりするのまで見えました。それはコックピットが存在している空間の情報を僕がもらえたからです。

　素粒子が進むには、まず空間をつくらなくてはなりません。光がやってくるというのは、フォトン、つまり光子が進むことのできる空間を先につくりながらきているんですよ。だから光はチョコチョコ、ジグザグしながら進んでいきます。なので、そんなには速くない。1年間に9兆4650億キロしか進めません。松原さんは、その光が進む空間のほうをすでに見ていらっしゃる。

松原　自分の頭の中が変わりかけています。住まいはマンションの

5階ですが、カーテンをしてないんです。なぜかというと、お日様の光が線になって入ってくるのを朝、見たいから。

先生、もうひとつ面白いことがあります。じつは人間国宝の方がつくった博多人形をもらったんです。博多人形を今回そういう感じで見たら、その人間国宝の方がどういう順番で色を塗っていったのかがわかりました。跡が見えたから。人形には[16]「しのぶちゃん」という名前をつけています。しのぶちゃんは、見た目は普通にきれいですが、ジーッと見ていると塗った順番がわかるの。やっぱり目が最後でした。部屋にいても、そういう楽しみ方ができて。

そしてね、もうひとつ毎日の楽しみができました。お風呂に入るときに、液体の入浴剤を入れるとデザインができるの。粒子が粗いといったらいいのか、どういったらいいのかわかりませんが、お湯と入浴剤を混ぜるときに、手で粒々の絵が描けます。

保江　なるほど。1950年ごろアメリカにいた、とはいってもレッドパージに遭ってイギリスのロンドン大学に戻った[17]デヴィッド・

＊16 人形の「しのぶちゃん」。

＊17 アメリカの物理学者。1917〜1992年。ボーム解釈、アハラノフ＝ボーム効果、内在秩序と外在秩序などを提唱したことで知られる。物体→分子→原子→原子核→粒子→素粒子……というふうに、物質をどこまでも分割して把握するのではなく、分割不可能で間断なく流動するものだととらえた。理論物理学のみならず、哲学や神経心理学にも大きな影響を及ぼした。

ボームという物理学者がいます。量子力学を完成させた人で、今でいう量子もつれとか量子力学的な非局所性[*18]を説明するために、透明な水に黒い墨か何かを垂らしてグルグルとかき混ぜたときのことをたとえに使いました。かき混ぜるとだんだん混ざって、混ざって、最後は薄黒くなってしまう。でも、時間を戻していくと、今度はどんどん元の状態に戻る。だから、混ざったように見えても混ざっていない、時間を戻せばちゃんと元に戻るんだというのです。そこから量子もつれというのは、黒い液体と透明な水が混ざったときの現象のようなものだと説明しました。松原さんのお話は、そんなことを彷彿とさせますね。

＊18　この宇宙における現象が、離れた場所にあっても相互に絡みあい、影響しあう性質を有していること。

第3章

不思議な世界の住人は量子論を知っている

「世見」の内容を保江氏が徹底解説！

―　松原氏のサイト「幸福への近道」の「世見」というコーナーには、見える・聞こえる・感じるという能力によってキャッチされた情報が毎日アップされている。２０２４年には６０００回に届こうとするこの人気連載のなかには、量子論にかかわる内容が散見される。そのいくつかを保江氏に見ていただいた。まずは２０１３年12月24日の記事「量子コンピューター」である（次ページ）。

保江　これが２０１３年に降りてきたのですか。すごい。２０１３年というと今から10年前でしょ。あのころにこんなことをいえるのは、量子コンピューターを研究している人くらい。一般の人はまだまだ知らない時代ですよ。ちゃんと神様がこうやって教えてくださるんだ。全部正しいですよ、ここに書かれていることは。

「量子コンピューター」2013 / 10 / 24

「量子コンピューター」なるコンピューターが世に出てくるのが早くなった気がします。

こんなことを書くものの、量子コンピューターがどんな品か全くもってわかりませんが、「量子絡み合い」書いている本人は理解不能ですが書かなくてはと思う気持ちだけが心にあります。

「一方の電子が右回り、他方の電子が左回りで絡み合い」

「複数の量子が絡み合う量子の列を０.０００３列から外すと外部からの制御を受けることなく、独立に動くこともありません」

こうすることで量子ピット列の全体に今迄以上の量子ピット操作がスムーズに行きます。

将来この量子コンピューターが今のパソコンのように人々が使いこなす時代がやって来ます。

ある日、子供がこの量子コンピューターを何気なく触ってビックリするような計算をしてしまう時代がやって来そうです。

量子ピットの意味すらわからない私が何を書いているのやら！

スーパーコンピューターくらいはわかります。

パソコンを開くことも出来ない私が量子コンピューターと書いているのですものネ。

もしかするとこの量子コンピューター、私達一人一人の潜在意識と因数分解してくれて、前世の意識を表現してくれる日が来るかもしれません。

量子論はまだまだ天井にはぶつかってはいません。

自然界の四つの力についても今一歩の部分があると不思議な世界の方は話されます。

特に電磁気力は課題がいっぱい残っているとも言っておられます。

静電気の世界には驚異が秘められているとか。

どなたか研究をして下さい。お願い致します。

※一部抜粋、原文ママ

２０２２年の暮れに、量子もつれ[*1]の検証をした３人[*2]の実験物理学者がノーベル物理学賞を取ったでしょ。ベル[*3]の不等式の破れ[*4]を証明して。それを考えても、ここに量子の絡みあい、量子もつれのことが書かれているのはすごいよね。量子もつれというのは、早い話が男女関係のもつれのようなものです。一度関係した男女はね、たとえ遠く離れても、関係があったという事実は消えないんです。

松原　聞こえてきたことを先生が証明してくれて嬉しいです。

保江　くり返しになるけれど、２０１３年にこの内容が聞こえたというのは本当にすごい。量子ビット[*5]という言葉が世間一般に出てきたのは最近のことです。量子ビット、クォンタムビット、Ｑビットともいいますが、２０１３年にこの言葉を使っていたのは専門家だけで、まだ一般の人向けには使われていません。本当に松原さん、すごいわ。人間量子コンピューターといってもいいかもしれない。

「もしかするとこの量子コンピューター、私達一人一人の潜在意識と因数分解してくれて、前世の意識を表現してくれる日が来るかもし

＊1 37ページ参照。

＊2 仏サクレー大学のアラン・アスペ博士、米クラウザー研究所のジョン・クラウザー博士、オーストリア・ウィーン大学のアントン・ツァイリンガー博士。

＊3 ＣＥＲＮ（ヨーロッパ原子核研究機構）のジョン・スチュワート・ベル博士が見いだした、ふたつの粒子間の相関を記述する不等式。

＊4 成立しないこと。

＊5 量子コンピューターで扱われる情報の最小単位。従来のコンピューターで扱われるビットが「1か0か」であるのに対し、「1でもあり0でもある」という、量子力学的に重ねあわせの状態として同時に表すことができる。そのため、すべての値を並列的に計算す

れません（以下、松原氏のサイトから抜粋した部分は原文ママ）」。ゾクッとしますね、この表現は。確かにそうなんです。あのね、暗号のキーとして最も理想的なのは、因数分解できない式を持ってくることです。因数分解できるということは、解かれてしまうということなので。「潜在意識と因数分解してくれて前世の意識を表現してくれる」って、ものすごいキーワードが並んでいてインスパイアされます。いや、これはすごい。「量子論はまだまだ天井にはぶつかっていません」というのもそのとおり。

松原　私自身はよくわからずに書いているのですが。

保江　「自然界の四つの力[*6]についても今一歩の部分があると不思議な世界の方は話されます」。はい、そうです。「特に電磁気力は課題がいっぱい残っているともいっておられます。これもそのとおりです。でも、物理学者は驚異が秘められているとか」。これもそのとおりです。でも、物理学者はいいません。こんな簡単なことがまだわかっていないといったら、世間にバカにされると思っていますから、絶対にいわない。

ることが可能になり、従来のコンピューターとは比較にならないほど処理速度が上がった。なお、松原氏の「世見」では「量子ピット」と表記されている。

＊6 素粒子間に働く相互作用は強い力、弱い力、電磁気力、重力であり、これらを「四つの力」という。

物理学では「ザバッ!」という波を扱わない

保江　この最後の文章は、2016年9月21日の「光子[*7]について」という文章の「私達地球で暮らす全ての生命体は光子」という表現につながるんです、じつは。同じことを表しているというかね。

松原　ここに湯川秀樹先生の名前が出てきますね。

保江　はい、出てきます。それはあとでお話しするとして、まず2013年10月の時点で量子コンピューターについて、つまり量子もつれに関連してこれだけのことが指摘されているでしょ。それがすでに驚異なのですが、それにつづいて2016年9月21日の内容もまたすごい。ちょっと説明しましょうか。

まず電磁場というのは電場[*8]と磁場[*9]を合わせたもので、電荷[*10]によってつくられます。今は皆さん、携帯やスマホをちょっと操作すれば

*7 量子論において、光（一般に電磁波）のエネルギーをになう基本的粒子。フォトン、光量子ともいう。

*8 電気を帯びた物体のまわりに生じる電気力の作用する場所。

*9 磁石や電流のまわりに生じる磁気力の作用する場所。

*10 電気現象のもとになる実体。電荷、電気量、電気を同じ意味に用いることもある。

光子について 2016 / 9 / 21

「私達地球で暮らす全ての生命体は光子」

こんな話を聞いてもピンと来ないかもしれません。

目という機能が潤滑に働いてくれさえすれば、光の中で暮らしているのを感じられます。

光は波だと云われて来ましたが、光には光量があると言ったアインシュタイン。

冒頭の光子は“こうし”と読んでください。

「光子の二重スリット実験」

明るい場所と暗い場所との違いは直ぐにわかります。

明るい場所では振幅が大で、暗い場所は振幅が小か又はゼロです。

光子一つ一つ数えられます。

光の波は空間に均一に広がります。

人間の目は暗さにも慣れる優れものです。

光子は線で様々なことをします。

紫外線は日焼けをし、赤外線は日焼けしない。

自然界には四つの力があるといわれています。

湯川秀樹博士は強い核力の説明に成功したが、「強い核力」ここまで一気に書けてトーンダウンしてしまった気力。

今日は一体何を書いているのやら？

「中間子の粒子のキャッチボールが宇宙のゴミのせいで乱れている」と湯川博士が教えてくれている気になるから不思議です。

「量子重力についても粒子の性質を持つものの考え方を分けて考えるべし」

と云われている気もしました。

「二つの星が互いの周囲を回る。すると、空間が揺らされて重力波が起きる。

宇宙と云うのはそんな簡単なものではない」

人類は非常に特殊と言える知恵を手にしています。

それは地球が真実を感じ取ったからかもしれません。

※一部抜粋、原文ママ

どこでも通じますが、このときは電磁場の波、つまり電波を利用しています。とても身近なものだから、もう完全に解明されていると思っているかもしれません。しかし、そうではないんです。

たとえばね、われわれが利用している電波、あるいはこの光やX線などもそうですが、そういう波は穏やかです。サイン波やコサイン波[*11]のようにヒョロヒョロしながらずっとつながっていきます。

ところが、海の波やプールの波を見るとわかりますが、穏やかに伝わっていく波もあれば、お風呂に飛び込んだときのように「ザバッ！」と一気に波立つ場合もあるわけです。電磁場についても同じことで、「ザバッ！」というすごい波があるのですが、それは残念ながら「非線形」[*12]といいまして、数学で解けるような形態ではないのです。だから物理学者はそこに触りません。解けないから。解くことのできる穏やかなサイン波、コサイン波だけを利用しています。

松原　（無言で聞き入る）

保江　ところが電磁場にもザバッという波があり、それが静電気で

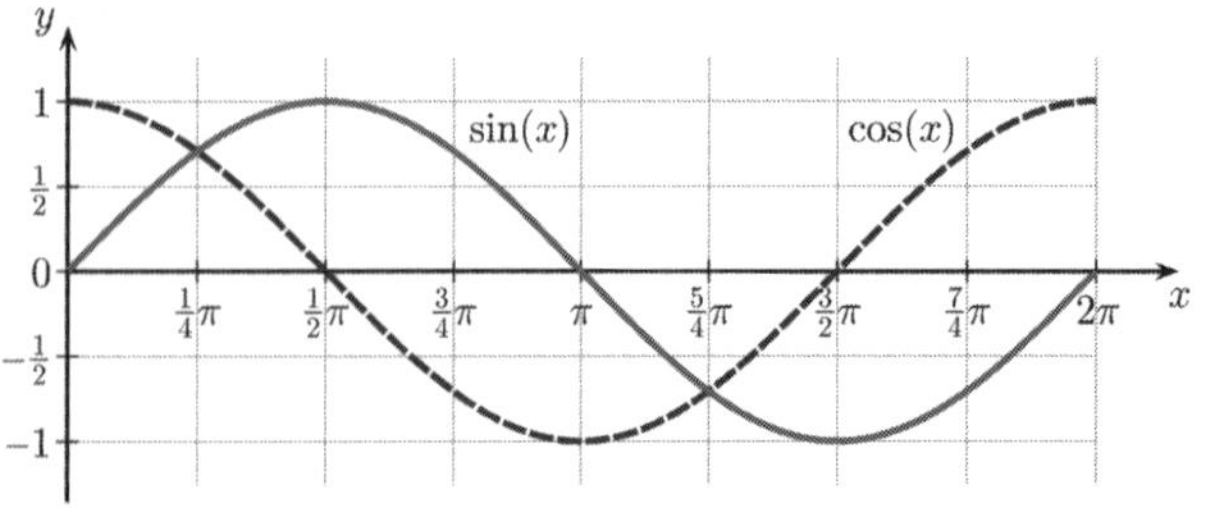

＊11 左のグラフの実線がサイン波、破線がコサイン波。

あったり、磁石のつくる磁場であったりするわけです。そして、じつは強い磁場を水に当てると水が分かれます[13]。この現象については東大の先生が研究されて[14]、論文を発表しました。

しかし、量子電磁力学を使おうと古典電磁力学を使おうと、非常に強い磁場が水の分子に影響を与えたとしても、分かれる理由が説明できないのです。だって、水の分子って電気双極子で[15]、電場には反応するけれど、磁場には反応しません。だから水に磁場を与えたら割れるというのは説明がつかない。

それから磁化水もそうです。水道管に磁石を取りつけたら水に変化が起きるのは事実ですが、それも説明ができません。

でも、本当に説明できないのかというと、線形[16]のサイン波、コサイン波の電場と磁場だけで議論していては説明できないというだけで、すごく変形した波も考慮すれば説明できるはずです。ただ、そこのところを物理学者はあまりいいません。

＊12 原点を通る直線で示すことのできる「線形」に対して、それ以外のものを「非線形」という。

＊13 水は弱い反磁性の物質であるため、強い磁場を加えると、磁場の強いところから弱いところに逃げるため、水面が凹むという現象が起こる。『旧約聖書』の「出エジプト記」でモーセが海を割ったことにちなみ、この現象を「エンハンストモーゼ効果」と呼ぶ。

＊14 1995年に東京大学の北沢宏一教授らが発表した。

＊15 正負の等しい電荷が、きわめて近距離に存在する状態。

＊16 ＊12参照。

生命体には「光」がへばりついている！

保江　実際に物質が存在すると、そこにはいつも光との相互作用があって、光を反射したり吸収したりします。それ以外に、光を取り込みます。たとえば水の場合だと、光が通過する、屈折する、反射するだけだと思われていましたが、水の中に取り込まれるのです。

光は1秒間に地球を7回半まわるなんていいますが、そういうすごい速さで物質を突き抜けたり、屈折したりする以外に、人間が歩くくらいの速さで光が取り込まれています。それをエバネッセント・フォトン、エバネッセント光[*17]といいまして、われわれの体にもまつわりついている。

どんなものかというと、海の上を船が走っている様子を想像してください。すると、船から遠く離れたところにも波が伝わっていく

＊17　エバネッセントは「はかない」「つかのま」という意味。

でしょ。でも、船の舳先《へさき》のところは常にザバーッと波立っていますね。この波は非線形で、サイン・コサインとは異なる波です。それは常に船の舳先にしか存在しません。

つまり、物体である船と一緒のところにいつづけている波と同じものが、電磁場においても存在しているわけです。たとえば僕の目の前に水があったとしたら、それにへばりついている電磁場の波があるのです。

地球上に生きとし生ける生命体というのは、だいたいそんな感じでしょう。われわれ人間、動物、植物の細胞には膜があって、その中の水には光がへばりついている。電磁場の波です。このエバネッセント光が、じつは生命の根源です。

―― 生命にへばりつく光。そういえば2013年に、線虫の一種が死ぬ瞬間に青い光を発する*18という研究結果が発表された。

保江 そうでしたね。少し軽くなることも知られています。生きている間は、光が体の周囲にたまっていたわけですが、死ぬとその光

＊18 2013年7月、ユニヴァーシティ・カレッジ・ロンドン（UCL）のデイヴィッド・ジェムズらは、線虫の一種、シー・エレガンスが死ぬ過程を顕微鏡で観察し、科学雑誌「プロス・バイオロジー」に論文を発表した。それによると、死にゆく過程で線虫から青い蛍光が放たれ、死の瞬間に最大に達し、直後に消えるという。

が存在しなくなる。つまり、どこかへ行ってしまう。

この一文には驚きました。「私達地球で暮らす全ての生命体は光子」。光子というのは電磁場にある量子です。ここで松原さんが書いている内容は、今のように延々と言葉を連ねないと説明できないことです。それを1行でサラッといわれたらね、ちょっと困るんですよ。しかも、このエバネッセント光の話を知っている人はほとんどいません。物理学者はこういうことに興味を持ちませんから。サイン・コサインで表せない波には触らないことにしているので。

松原　こういう文章を書いたのも忘れていた私からすると、先生と出会ってそういうお話が聞けたというのは、今こういうことを説明してもらう段階に入ったということでしょうか。

保江　そうですね。時代が松原さんに追いついてきた。

松原　いえ、そういう意味ではなく、この先もっといろいろ教えていただけることがあったら、それはもしかすると真実に近いのではないか、というイメージを受けました。だってこれを書いたのは、ずいぶんと昔ですから。古いもの。

保江　古いけれど新しいですよ。その古い時代に、よくまあこれを書かれたものです。

ニュートリノがキャッチボールを乱す!?

――この「光子について」という文章には、湯川秀樹博士の名前が登場する点も興味深い。18ページの下段でも触れたが、保江氏は湯川博士の最後の弟子である。そして、どうやら湯川博士は、松原氏を通じて何かを教えようとしているらしいのだが……。

保江　自然界の四つの力というのは、重力、電磁気力、強い力、弱い力のことですね。そして、「中間子[*19]の粒子のキャッチボールが宇宙のゴミのせいで乱れている」と、湯川先生が教えてくれる。これも

***19**　1935年、湯川秀樹博士は、原子核を構成する陽子と中性子が、別の粒子を相互にやりとりすることで結びついているという理論を発表した。陽子と中性子がキャッチボールをしながら結びついているといってもよい。このキャッチボールによる力を核力、ボールに相当する粒子を中間子という。この理論により湯川博士は、1937年にノーベル物理学賞を授与された。

すごい。中間子[20]をキャッチボールすることで、たとえば陽子や中間子などは相互に作用しますが、それが宇宙のゴミのせいで乱れる。

宇宙のゴミといわれるのはニュートリノ[21]です。ゴミのようにどこでも来ますから。じつは今、太陽フレアニュートリノ[22]が増えているため、地球近傍宇宙にニュートリノが増えすぎています。だから、宇宙のゴミとされるニュートリノがたくさんある今は、原子核反応が乱されているのでしょうね。もっと少なければ理論どおりというか、普通に行われているはずです。

あ、そうか。ニュートリノが増えれば、核反応の制御もだんだんと理論どおりにはいかなくなるでしょう。ということを、湯川先生が松原さんを通して教えてくださったんですね。怖いな、これ。

松原　「量子重力[23]についても粒子の性質を持つものの考え方を分けて考えるべし」と書いてありますが、今読んでみてもまったくわかりません。

保江　いや、そのとおりなんです。量子重力を粒子的に、つまり素

*20 前ページ下段*19を参照。
*21 素粒子のひとつ。非常に軽く、その質量は同じ素粒子である電子の100万分の1以下。何でも通り抜ける性質を持つが、反応をほとんどせず、謎に満ちた幽霊粒子と呼ばれている。宇宙はニュートリノに満ちており、1立方センチあたりに約300個が存在する。
*22 太陽フレアが発生したときに放出されるニュートリノ。
*23 一般相対性理論では、重力は時空の歪みとして説明されるが、そうした連続的な量としてとらえるのではなく、量子論として説明しようとする試みがある。

粒子論の標準理論の延長で考えるな、分けなさい、といっているのでしょう。

――量子重力を素粒子論の標準理論の延長で考えるのではなく、分ける。それはまさに、湯川博士が提唱して保江氏が継承した素領域理論に通じるものだ。

保江　そうです。素領域理論。だから本当に湯川先生が教えてくださっているのでしょうね。

「二つの星が互いの周囲を回る。[*24] すると、空間が揺らされて重力波が起きる」。これはもう検知されています。「二つの星」とはブラック[*25]ホールのことです。「人類は非常に特殊といえる知恵を手にしています。それは地球が真実を感じ取ったのかもしれません」。これもいい表現ですね。

松原さんの書いていることは本当にすごい。『新約聖書』や『旧約聖書』を読んでもインスパイアされるけれど、この〝松原聖書〟を読んでもすごくインスパイアされますよ。

＊24・25　2023年6月、宇宙でも最大級のブラックホールがペアになったものから発せられた重力波が地球に届いているという論文を、米国や日本などの国際研究チームが共同で発表した。なお、ブラックホールとは、きわめて高密度で極端に重力が強いため、光さえも脱出できない天体。

僕の大学院の先輩で、コペンハーゲンのニールス・ボーア研究所に一時期いた人が、格子ゲージ理論[26]を提唱したホルガー・ベック・ニールセンという理論物理学者と一緒に論文を書いて、それがヨーロッパの雑誌に掲載されたことがあります。素粒子論の論文でしたが、引用文献はただひとつ、『旧約聖書』でした。

何を引用したかというと、初日に神が「光あれ」というでしょ。その事実だけから出発して、なんの相互作用もない混沌としたカオスの状態から出発してゲージ場[27]が生まれる。どんな種類のゲージ場が生まれたのかを物理学の理論としてコネコネと説明していくと、最初に出てきたのは可換[28]ゲージ場。非可換[29]じゃなくて可換、つまり電磁場です。要するにこの論文は、光が最初にあったということを証明したわけです。

『聖書』もそのくらいのインスパイアはしてくれるけれど、〝松原聖書〟はもっと具体的にインスパイアしてくれるから、物理学を専攻して大学院に進んだくらいの人たちは読まなきゃダメよ。ネタ元に

＊26 ゲージ理論とは、ゲージ対称性を持つ場の理論のこと。ゲージとは「長さの尺度」を意味する。ゲージ対称性とは、ある操作を施しても物理現象が変わらないことを指す。たとえば、同じ条件で北に向かってボールを投げると10メートルしか飛ばないが、南に向かって投げれば30メートル飛ぶということはない。格子ゲージ理論では、ゲージ場（次項）を格子状に分割して考える。

＊27 素粒子間に働く力を媒介する場（力が及ぶ範囲）。

＊28・29 可換は、掛け算の順序が交換可能であること。非可換は、掛け算の順序が交換可能でないような数をもとにした世界。

なりますよ、これは。ここから出発していろいろやってみると、「そういうことか！」とわかることが出てくる。本来、そういうものが学問であるべきです。とくに理論物理学なんてものはね。

ニュートリノは核反応も乱している⁉

保江 「中間子の粒子のキャッチボールが宇宙のゴミのせいで乱れている」。いやいや、普通の人にはいえませんよ。

先ほどもいいましたが、宇宙のゴミ、つまりニュートリノがたくさんあるためにミューオン[*30]とニュートリノが相互作用して、普通ならミューオンの核力が倍になるところを、ニュートリノがミューオンを減らすのかな。ミューオンをウィーク・インタラクション[*31]でニュートリノに変えるんです。そこが唯一、相互作用できるところだ

＊30 高エネルギー陽子ビームと原子核の反応で生成されるパイ中間子（核力を仲介する素粒子）が、短時間で崩壊することで生まれる素粒子。素粒子の世界を、増改築を重ねた古い大きな温泉宿にたとえると、ミューオンは、どんな小さい部屋にも忍び込み、そこにある情報を盗むことができるといわれている。

＊31 自然界にある四つの力（83ページ参照）のうち、「弱い力」のこと。

から。本来ならミューオンが、この地球上でコントロール可能な核力を実現しているはずなのに、ニュートリノがそのミューオンを減らしているのでしょうね。だから、われわれが理論的に考えているようには核反応を制御できないのかもしれない。湯川先生はそのことを教えてくださった。

ニュートリノがここまで増えていなければ、たぶんこうなってはいなかったと思います。宇宙創生のころならきれいな核反応が見られただろうに、今の地球環境では物理学者が思っているとおりの反応をしません。この文章は、そこに警鐘を鳴らしている。

だって、UFOに乗って地球へやってくる異星人だって、核反応について地球の科学者が気づいていないことがいろいろあって危険だから、それをさせないために来ていると、本に書いている人もいるでしょ。それがどんなものなのかわからなかったけれど、松原さんを通して湯川先生がこんなことを教えてくれるのであれば、きっとそのことじゃないかと今思いました。

松原　先生もさっき話してくださったけれど、２０１７年７月５日の「量子論」（91ページ）を見ると、こういう式がよく書けたな、と自分でも思います。

保江　そうでしょ。たとえば「λ＝h/mv」[*32]とありますが、普通の人はこんなふうに書けません。なぜかというと、普通は「p＝hν」と書くからです。この式が書かれていたら、どこかの本でちらっと見たのだろうな、と思えます。pというのは運動量で、質量（m）×速度（v）で表されますから「p＝mv」。そしてνというのは周波数で、波長分の1で表されますから「ν＝1/λ」。このふたつを変形すると「mv＝h/λ」。したがって「λ＝h/mv」で、まさに松原さんが書かれたとおりになります。「p＝hν」という式は一般の人でもどこかでちらっと見る可能性がありますが、「λ＝h/mv」は絶対に見る可能性がない。でも、このふたつは同じ内容です。それがここに出ているから本物だと思いました。

松原　へえ、面白い。

＊32　ド・ブロイ波長（ド・ブロイ方程式）に出てくる等式。ド・ブロイ波長は、物質が持つ波動性を示すもので、フランスの物理学者ルイ・ド・ブロイが発見した。λは波長、mは質量、vは速度、hはプランク定数を表す。

松原氏が書いたのは光量子仮説！

保江　そして「紫外線は日焼けをし、赤外線は日焼けしない」。これがすごいんです。紫外線[*33]は波長が短い。つまり振動数が高い。赤外線[*34]は波長が長い。つまり振動数が低い。アインシュタインの光量子仮説のなかで、先ほどの「hν」は、紫外線はエネルギーが高く、赤外線はエネルギーが低いということを表します。ところが古典的な電磁気学においては光が強ければ、つまり明るければ赤外線でもそんなに日焼けするとされていました。反対に、暗ければ紫外線でもそんなに日焼けしないという発想でしたが、量子論が出てきてはじめて「そうじゃない」と。暗くても紫外線なら日焼けするし、赤外線ならどんなに明るくても日焼けしないことがわかってきました。それでアインシュタインはノーベル賞を取ったわけです。

＊33・34　紫外線の波長は10〜380ナノメートル、周波数は10の16乗ヘルツ前後。赤外線の波長は780ナノメートル〜1ミリ。周波数は3×10の12乗〜14乗ヘルツ前後。

量子論 2017／7／5

光は波である。

光には仲間がいます。私達が目にする光は可視光といいます。

紫外線もあれば赤外線もあり、遠赤外線もあります。

エックス線にマイクロ波、それと携帯電話やテレビで使用される電波も光の仲間です。

アインシュタインは「光には粒子の性質もある」と。

アインシュタインの頭の中はどのようであったか興味が湧いて来ます。

「量子コンピュータが出現する」

「暗号化は不必要な時代到来」

「２進法は終わりになる」

「並列処理×重ね合わせ」

「パソコンのように使用される時代」

「半導体革命がやって来る」

「量子論が半導体を作りIT社会誕生」

「電流をよく通す金属の複合体」

「プラスチックなる絶縁体　熱を加える」

「不純物を増加させると自由電子が強化」

「重力このことを知り利用する」

聞こえたことを書いているだけです。

「原子の中で引き合う電気力は電磁気力の伝え方で原子核が変化する」

「β線を利用すると放射性物質の核がもっとβ崩壊する」

「重力を利用すると放射性物質が強固され圧縮される」

「λ＝h／mv」こんなのが今見えた。

パソコンでこれって入力出来るのかなぁ。

h／mv＝mv分のhなら大丈夫かなあ。

「この方程式にプラス必要と言われました」

今日は、何をお伝えしているのかわかりませんがそのまま進めました。

「量子論」こんなのって理解出来るはずもなく、聞き手が私でごめんなさい。

もしかすると、意味深きことを教えられたのかもしれません。

※一部抜粋、原文ママ

それがここにね、別の表現で「紫外線は日焼けをし、赤外線は日焼けをしない」とある。これはアインシュタインの光量子仮説そのものです。でも、こんな表現は物理の教科書などでも見たことがありません。しかも、いちばん適切でわかりやすい表現です。

アインシュタインとコペンハーゲンのいい争い？

松原　先ほど、コペンハーゲンがなんやらというお話をされていましたが、あれは人の名前ですか？　コペンハーゲンとアインシュタインがいい争いをしたというイメージが出てきました。

保江　そうですね。コペンハーゲンは、ニールス・ボーアという物理学者の本拠地です。ボーアは、アインシュタインとものすごい論争をしましたから、それを感じ取られたのでしょう。

＊35　アインシュタインは、核の開発を進言する手紙に署名をしたが、文面の作成には物理学者のレオ・シラードや科学者のエドワード・テラーなどがかかわってい

松原　私に知識はありませんが、お話を聞いているときに、そういうのがポコッと頭に入ってくることがあります。

ただ、アインシュタインは、日本に原子爆弾を落とすことを賛成していたと人づてに聞いてから、あまり好きではなくなりました。だから普段は意識に入れないのですが。

保江　アインシュタインは原爆をつくることに賛成しただけです。ドイツも開発しているから、アメリカもつくっておかなくちゃいけませんよ、と当時のルーズベルト大統領に進言しました。[*35]

松原　それを知ってからあまり好きじゃないの。ディズニーの創始者もそうだと聞いてから、好ましくなくなりました。

保江　その後、アインシュタインは核兵器開発に強く反対して、戦争の廃絶を訴えました。パグウォッシュ会議[*36]というのを開いてね。そのために殺されたのかもしれないという説もあります。

そういえば、アインシュタインが相対性理論[*37]を見つけたときのエピソードをご存じですか。彼が朝ベッドで目覚めたとき、まだ薄暗

る。アメリカが核を開発すれば、ドイツへの、ひいては戦争自体への抑止力となるという考えにもとづく行動だった。

＊36「科学と国際問題に関する会議」の通称。各国の科学者が核軍縮問題など戦争と平和の問題を討議する会議。1957年に、カナダのパグウォッシュで第1回会議が開かれた。なお、この会議は、ラッセル（数学者）とアインシュタインを中心とする11名が、核兵器による人類の危機を訴え、紛争解決のために平和的手段を見いだすよう勧告した「ラッセル・アインシュタイン宣言」（1955年）を受けたもの。この11名のなかには湯川秀樹博士が入っている。

＊37一般的には、マクスウェル方程式が相対性理論のルーツだといわれている。

い自分の部屋の中に、ドアの鍵穴から光の線がスッと差し込んだのを見て、この光の線に乗って光の速さで動いたらどういうふうに見えるのだろうと思いはじめたのが相対性理論を考えるきっかけになりました。たぶん、松原さん[*38]が葉っぱを見たときと同じような見え方に行き着いたんじゃないかと思います。

松原　光に線があるのは見えますよ。

保江　アインシュタインにも見えたのでしょう。彼は本当に素朴なアプローチをして、そのなかで相対性理論を発見しました。これは「発見」という名の超能力だと思います。

松原　面白い話を聞いたことがあります。アインシュタインみたいに世界史に名を残すような人が出てくるときは、同時進行で同じような人が何人か出てくるというのです。あれは神様が同時進行で人を動かしているのでしょうか。

保江　不思議ですが、まったく交流のない人が同時に同じ内容の論文を発表するということはしばしば起こります。じつは僕のヤスエ

＊38・67 ページ参照。

方程式も、ローマ大学の教授が僕の半年後にひらめいて論文にしています。そのローマ大学の教授は、ひょっとしたら、そのうちノーベル賞をもらうかもしれません。そうなったら僕は自動的にもらえます。半年早く発表していますから。

松原　同時に何人かの人が同じことを思いつくというのは、この世の中で不思議なことのひとつです。

保江　シュレーディンガーのときも、ラントスというアイルランド人の物理学者が同じ方程式をシュレーディンガーより早く発表していました。でも、アイルランドは物理学の中心地ではなかったせいか、だれも見向きしませんでした。

一方、シュレーディンガーはスイスにいて、ドイツにも近かったし、すぐにみんなが注目したのです。それで「シュレーディンガー方程式」になったけれど、ひょっとしたら「ラントス方程式」になっていたかもしれません。

その後、ラントスはシュレーディンガーに会う機会を得ます。その場でシュレーディンガーは「私の論文は少し発表が遅かったのだから、本当ならあなたのお名前であなたの業績になっているべきだったのに、誠に残念です」と、社交辞令をいいました。ラントスは「いや、私の論文はシュレーディンガー先生の論文に比べてインパクトが少なかったし、地味で人目を引かなかった」と返したそうです。ラントスが世に出たのは、これよりずっと後のことです。

「空が青い」という時代が終わるかもしれない⁉

松原　昨日も「世見」の原稿を書いていたのですが、空を見ている人は、空の色が青いのは当たり前だと思って見ていますね。でも、太陽の光をプリズムに通すと、いろいろな色が見られるでしょ。私たちが見ているのはそのなかの1色だけ。そしてね、空が青いのは

*39 太陽の光に含まれる色のうち、波長の短い青は上空で散乱する。それを地上から見ることで空が青く見える。それ以外の色は散乱せず地上に届くが、すべての色が混ざっているため白い光として見える。

当たり前が当たり前でない世界 2013 / 8 / 18

残暑がまだまだ厳しいですが、お元気でお過ごしですか。

でもね。朝夕の空気は少しヒンヤリしている気がします。

ネェネェ、空を見上げていますか。

あなたの頭上に広がる空は、いつも姿を変えてあなたを見ています。

空は雲の形を変え、青空・朝焼け・夕焼け・虹にオーロラと光のファンタジーを見せてくれます。

お日様を目で見ることは出来ませんが、お月様やお星様は夜空で毎日変化するショーを見せてくれたりもします。

地球に住む生物を守るために、大気は苛酷な宇宙環境から守ってくれていますが、あれだけの人工衛星が大気を病気にするのではと心配になったりもします。

太陽光をプリズムに通すと、七色の光に分かれます。

「空は何故青いのだろう」

こんな思いが心に広がった時「太陽光が地球の大気を通り抜ける時、青い光が大気の分子によって散乱されたために私たちには空が青く見える」と、不思議な世界の方が教えてくれました。

光には波の性質があるといいます。

もしも大気に異常が起きたら空の色は青ではなく真っ赤になるかもしれません。

雲も白いのが当たり前になっています。

雲による散乱光は七色が混ざって白色に見えますが。

大気中の水蒸気か、水滴や氷の結晶に何らかの変化が起きたら雲の色が白とは言えなくなります。

夕焼けが赤く見えているのは、赤い光が雲に散乱されて赤く染まるのだそうですが、人間が作り出す光の波が光の散乱を乱し、当たり前に見えていた空の青さも夕焼けも変化する日が来るかもしれません。

ただ、積乱雲がこれから強烈になっていくのも気になります。

落雷も増え、人的被害も起きるのかも気にかかります。

当たり前が当たり前でない世界、気になりますね。

※一部抜粋、原文ママ

当たり前だと思っている時代が終わるかもしれない、というようなことを不思議な世界の方に昨日教わりました。空は青くて雲は白いというのが当たり前ではなくなるそうです。

保江　今後はどんな色になりますか？

松原　赤に近いような色だそうです。今でも夕焼けは赤いけれど、空の色が赤くなると、夕焼けのでき方が少し変わるみたい。

保江　大気が分厚くなるのでしょうか。

松原　そうです。温度差もあったはずです。マイナス75度だったかな。すごい温度差によってつくられる色もある。この間は、そんなことを教えてもらいながら書きました。

保江　雲の色はどうですか？

松原　白ではありませんでした。何色だったか覚えていませんが、ちょっと色が違っていたはずです。

保江　やっぱりね。僕が昔スイスに住んでいたときに、アルプスの氷河の断面のところに通っている道路がありましてね。氷河って、上のほうより下のほうに大きな圧力がかかっているでしょ。そうすると、氷河の断面の下のほうは青いのです。神秘的な青。上のほうへいくにつれてだんだん白っぽくなる。つまり、圧力が高い状況で氷の結晶がぐっと凝集されると青く見える。

松原　当たり前だと思っていたことが変わる時代がそろそろやってくるのだな、と思いながら書きました。

ガラスと地球の大気は構造が似ている？

松原　もうひとつ、さっきから気になることが聞こえているのですが、意味がわかりません。可視光線[*40]が通過しないガラスというのがありますか？

保江　あります。

*40 電磁波（光）の波長のうち、人間の目に見える波長のもの。約380〜680ナノメートルの波長の電磁波。太陽光をプリズムに通したときに現れる虹の7色がこの可視光線であり、波長の長短によって赤から青紫までがある。

松原　そういわれるとすごく嬉しくなります。ガラスは可視光線が通過しないものもあるし、通過するものもある。そう聞こえたけれど、なぜこんな話が聞こえたのかを知りたい。だって、ガラスは例外なく可視光線を通すようなイメージがありますから。

保江　ガラスは結晶ではなくアモルファス[*41]といって、構造的には液体です。

松原　ガラスって「目」がありますものね。目って面白いんです。そこを正確に突っついたら鉛筆の芯で割ることができます。

保江　ああ、ガラスの目というのは木目みたいな目のことですね。人間の目ではなく。

松原　はい。ガラスの目なんて、普通は見えないじゃないですか。それが見えていたころがあって、きれいに割るのを楽しんでいました。そのとき、いちばん割れにくかったのが牛乳瓶です。

保江　確かに牛乳瓶は丈夫です。

松原　そんなアホな遊びを昔やっていたなと思いながら、可視光線

＊**41** 結晶構造を持たない物質の状態のこと。固体には、原子が規則正しく並んだ「結晶」と呼ばれるものと、原子が不規則に並んだ「非晶質（アモルファス）」と呼ばれるものの2種類がある。右がアモルファス、左が結晶のモデル。

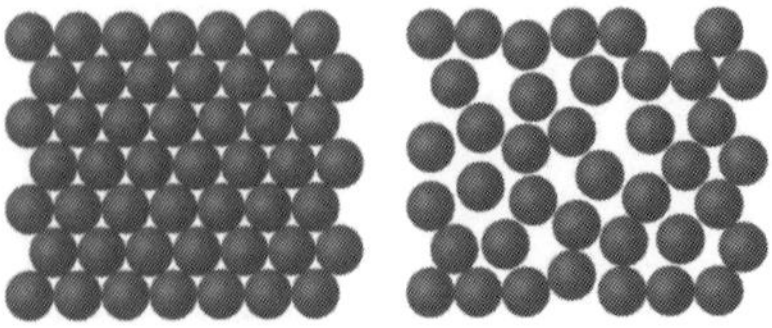

の話をしました。

保江　ガラスというのは要するに液晶みたいなもので、表面と中身の物性が違います。でも、地球の大気も同じで表面と中身が違いますから、今は青く見えているけれど、空気中に微粒子の大きいものがもっと混ざったら赤っぽくなってきます。雲だって、今はほとんど水で構成されていますが、その水に余分なものが少し混ざったりしたら、ピンク色の雲になるかもしれません。

あとは塩ですね。これから大気の密度が変化するようなことがあれば、海水中の塩が若干、水蒸気の中に入っていく可能性もあります。そうしたらピンクがかった雲にもなるでしょう。

でも、クオリア[*42]という問題があります。われわれは、子供のころから「空は青い」と思って見ています。そうして穏やかな気持ちで見ているから「空は青い」と認識しているだけで、波長がこれこれだから青だと認識しているわけではありません。

ですから、本当は火星の大気のように赤い空が見えているとして

＊42　主観的な体験によって起こる個人の感覚のこと。たとえば、空を見たときの「青い」という感じや、ケーキを食べたときの「甘い」という感じなどは、すべてクオリアである。「感覚質」といわれることもある。

も、そこで生まれた赤ん坊の目から見たら、その赤い空が「青空」なんです。僕らの青とは違う。だから、いつまでたっても空は青いと思えるわけです。

まあ、こればっかりはわかりません。でもね、わからないことをわからないといえるのが学者です。わからないのに、わかったふりするのは学者にあるまじき行為ですよ。

第4章

雷と磁力、そして若返りの秘密

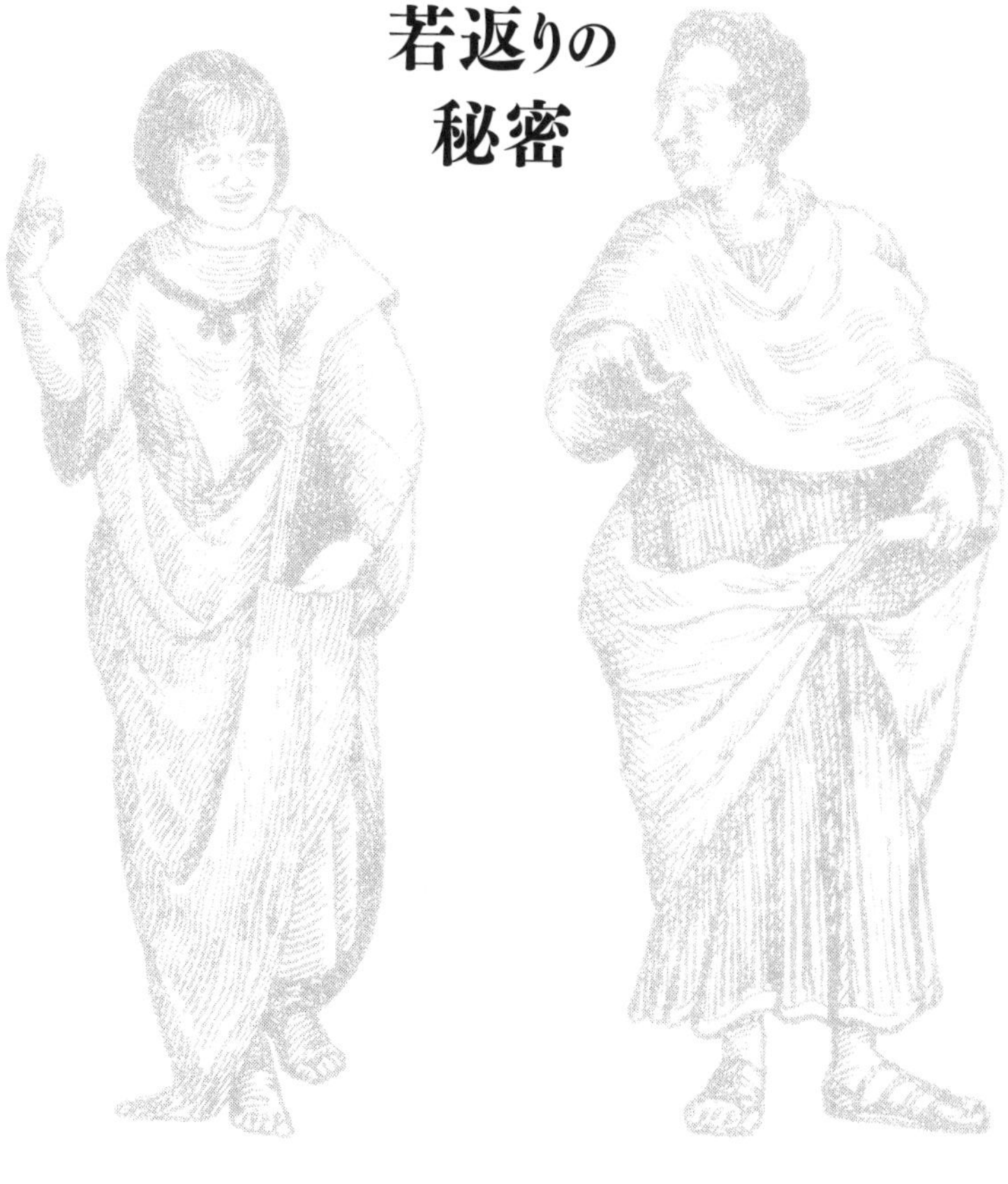

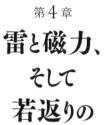

雷に打たれると若返って超能力者になる!?

保江　ところで、雷に打たれると若返るという話はしましたっけ？

松原　えっ、若返るなら嬉しい。打たれに行きます！

保江　では、その話をしましょう。世界的権威の言語学者で、言語の自然発生に関する研究の第一人者が体験したことです。その方が散歩をなさっていたとき、雷に直撃されて黒焦げになった。すぐさま救急車で病院に搬送されましたが、その途中に死亡が確定されたそうです。

病院に着いてから処置室に運んで、まずは焦げた服を水で流しました。そしたら担当の医者がびっくりした。書類には70代の男性と書いてあるのに、焦げた服を流したら火傷もただれもないきれいな皮膚で、どう見ても30代の男性だった。取り違えたのではないかと救急隊員を呼び寄せて確認したら、雷に打たれた人はひとりしかいなかったし、その人は70代でしたという。でも、目の前に横たわっているのはどう見ても30代の男性でした。

一応、蘇生の措置をしてみたところ、息を吹き返して、意識も戻ったので本人に確かめたら、やはりそのおじいさんだったんです。でも、本人も鏡を見てびっくり。「何だ、これは。若返った!」と。それでニュースや新聞にどんどん出るようになって、「いや、ラッキーですね。普通なら死んでいるはずなのに。もう1回、人生がやれますね、新しい人生で何をなさいますか?」と新聞記者が聞いたら、「言語が自然発生する理論を研究して、さらに深めたい」と答えたそうです。この言葉は全世界に広まりました。

この方の場合、若返っただけでなく超能力も身について、本に手をかざすと中身がわかるようになったそうです。

……というのは、じつはフランシス・コッポラ監督の映画『コッポラの胡蝶の夢』[*1]のストーリーなのですが、フィクションという言

*1 2007年のアメリカ・ドイツ・イタリア・フランス・ルーマニア映画。ルーマニアの宗教学者で作家のミルチャ・エリアーデによる小説『若さなき若さ』の映画化作品。

葉ではすまされないものを感じて、ちょっと気になっていたのです。そういうことが起きるとしたら、なぜだろうと考えていた。そうしたら、雷に打たれて若返り、不思議な力を持ったという人と実際に出会いました。

松原 （興味津々の表情で聞き入る）

保江 僕は京都で、女性限定のちょっとしたお茶会を――といってもコーヒーを飲むのですが――2か月に1回開いています。そのときは20～30人の方が来てくださって、最近の出来事をひとりずつ語ってくれたのですが、そのなかにはじめて来られた、しかも東京から遠路はるばる来てくださった女性がいました。

その方を見たとき「不思議な人だな」と思いました。というのは、髪の毛が半分以上白いけれど、お顔や肌を見ると、むちゃくちゃ若いのです。それで違和感があって目がいったのですが、彼女も雷に直撃されたことがあると。どういう状況でしたかと尋ねたら、雨の日に左手で傘を差して歩いていたら、その傘の鉄の軸に雷が落ちたそうです。ということは、雷が自分の体を通ったわけですから死んでもおかしくありません。持っていたプラスチックの柄は完全に溶けたとおっしゃっていました。

もちろんショックで倒れましたが、気がついたときには病院に運ばれていて、無傷だったそうです。その方は確かに若いのです。年齢を聞いたら周囲の人がみんな驚いた。だからやっぱり雷に打たれると、ほとんどの場合は死ぬけれど、たまに若返ることがある。

しかし、雷に直撃されて何人が生き残れるかというところが問題ですね。確率的に、[*2]100人が雷に打たれたら99人は命を落として、若返るのはひとりくらいかもしれない。だったらお前はどうする、打たれてみるかと聞かれたら、普通はやりませんよ。

――雷に打たれるといえば、それをきっかけに霊能力が発現した[*3]というケースは世界各地で報告されている。この書籍を企画したムー編集部もいくつかの事例を知っているが、彼らの外見も、やはり実年齢より若々しい。

＊2 日本では落雷を受けた人の約70パーセントが命を落とすというデータがあるが、たとえばアメリカでは70〜90パーセントの人が生き延びている。ただ、無傷だったというケースはきわめて少なく、火傷や記憶障害、脊髄損傷による後遺症のほか、精神的なトラウマが残るといわれている。なお、落雷に遭う確率は100万分の1とされている。

＊3 落雷に直撃されたのをきっかけに予知能力を得た、念力が使えるようになった、人の考えがわかるようになった、神の愛を感じて霊的に目覚めた、などの事例が報告されている。

たとえば、あるサーファーの男性は、仲間と一緒に海に出ていたらいきなり空が暗くなり、落雷に見まわれたという。以来、いろいろなものが見えるようになった。あるときは車を運転中、前の車が交差点に入ったときに、直進する光景・右折する光景・左折する光景が同時に見えたそうだ。

保江　その人は未来の可能性が見えるわけね。

京都のお茶会で話をしてくださった方も、もちろん若返っているのですが、それ以外に生体治療というか、霊的治療のようなことができるようになって、今はそれをなさっています。

――落雷が人間の心身に不思議な影響を及ぼした例のなかで有名なのは、アメリカ在住の整形外科医、アンソニー・チコリア氏[*4]（1952年生まれ）のケースだ。同氏は1994年に雷に打たれたことがきっかけで、ピアニストとしても活動をはじめた。ずっとピアノを弾いていたわけではなく、7歳のときに母親のすすめでピアノを習ったが、興味がなかったため1年でやめてしまった。雷に打たれる

＊4 ピクニックの途中、久しぶりに母親に電話をしようとして公衆電話の受話器を取ったとたん、電話線を落雷が直撃し、受話器を通してチコリア氏の頭を打った。病院へ搬送されたが2週間ほどは意識が朦朧とした状態がつづき、明晰さを取り戻したとき、唐突にピアノの音が聞きたくなったという。ピアニストとしての名前はトニー・チコリア。落雷によって才能が開花したピアニストとして、たびたび科学系や医療系のメディアなどに取りあげられた。

前はロックが好きだったが、打たれてからはクラシックを好むようになり、やがてピアノを弾きたいという欲求に駆られ、2008年にはリサイタルを開くまでになった。

また、道教の世界には、仙人になるための修行の一環として雷に打たれるというものがある。かつてそれを成し遂げた修行者が来日し、京都大学で講演会を開いたことがあった。

保江氏が今いちばん知りたいことは……

松原　先生、こういうことがわかると嬉しいし、地球にとってもプラスになるとしたら、どんなことですか。私の書いたことが実際の理論と合っていたことを証明してくださったから、もっと面白いことを書いて、先生に誉めてもらいたくて。

保江　知りたいこと……そうですね。量子の話は知的に面白いけれど、僕が今いちばん知りたいのは、雷に打たれて確実に若返る方法かな。雷に打たれたら、あなたは絶対に超能力が得られますとか、若くなれますというお墨付きをどうやったらもらえるのか。お墨付きがあれば、すぐにでも東京電力のどこかへ行って放電してもらいたいくらい。

松原　人工の雷ですね。

保江　少し前に東京でもすごい雷が鳴っていた日があったでしょ。ああいうときにマンションの屋上に立って「雷よ、来い！」ってやりますよ。

松原　微量ではダメなのでしょうね。微量でもよかったらチョロチョロ当たればいいけれど。

保江　いやいや、もう、ドンと来てもらって。フランケンシュタイン[*5]が誕生したときくらい。

そういえば、警察官もののアメリカ映画を見ると、更衣室でマッ

＊5 ゴシック小説『フランケンシュタイン』は、1818年にイギリスの小説家メアリー・シェーンが匿名で発表したもので、稲妻が光った瞬間に人造人間が誕生する。後世、数多くの映画や舞台の題材となった。なお、フランケンシュタインは人造人間につけられた名前ではなく、それをつくった医学生の名前である。

チョな警官たちがスタンガンを互いに撃ちあって「俺はウン十秒もがまんしたぞ！」なんて、やりあっているけれど、あれで多少は若返ったりするのかしら（笑）。

若返りのカギを握るのは「はかない光」！

松原　雷は窒素肥料[*6]といわれて、落ちると植物がよく育つと昔からいわれていますね。

保江　そうですね。キノコとかが生えたりして。

松原　キノコだから菌糸でしょ。面白いですね。本当に若返るのなら、私がいちばん先に試して若返りたい。

保江　いちばんみんながハッピーなのは、若返ってもう1回人生をやり直すことでしょう。2度目だったら、あのときヘマしたけど今

＊6　植物の生育に多く必要な成分は窒素、リン酸、カリウムで、これらを「肥料3要素」という。空気の成分は約80パーセントが窒素、約20パーセントが酸素だが、雷の放電によって窒素と酸素が結びつき、窒素酸化物になる。これが雨や大気に溶けて地上に降り注ぐと、農作物の肥料となって生育を助ける。

回はうまくやろうとか、余裕が出てきますから。

松原　先生、若返りのヒントはもう見つかっていますよ。だって、死んだら光[*7]がなくなるのでしょう？　だったら、弱っている人にどの光を当てると元気になるかを調べればいい。

保江　それはあります。古代エジプトの女王とか、ハプスブルク家の王族とかがキラキラした宝石を身につけるでしょ。マリア・テレジアとか。この前、見せてもらったのですが、あの人たちがつけていたダイヤは１００個、２００個ズラリと並んでいて、それが馬の尻尾の毛でつないである。馬の尻尾の毛って、何百年と持つのだそうです。触らせてもらったら、弾力もあるし、古いアクセサリーなのにどこも切れていなかったの。まあ、１本切れたら10個、20個とダイヤが散逸するわけだから、丈夫なものでつなげないと。それが馬の尻尾だそうです。

そして、ここが大切なところですが、宝石が連なったアクセサリーを首のあたりにつけますね。あれは、必ず宝石そのものが肌に触

*7・8　エバネッセント光（エバネッセント・フォトン）については第3章で言及。詳しくは80ページ参照。

れるようにするのだそうです。ダイヤの裏側が直接、肌に当たっていることが大事なんです。

ダイヤが光を完全反射すると、裏側には光が来ないはずですが、エバネッセント・フォトン[*8]がまつわりついています。それは生命の光そのものだから、王家の人たちは、それを自分の細胞に取り入れようとして身につけていたわけです。

――ちなみに、宝石を身につけるなら肌に触れさせないと意味がないというのは、アーユルヴェーダ[*9]でもいわれていることだ。

保江　だから指輪の台座なんかもドーナツ型で、裏に穴が開いていますね。そうそう、アメリカの有名なラッパー[*10]が、額のところに何カラットかの高価なダイヤを埋め込んでいたそうです。ところが、ファンにもみくちゃにされたときに剥がされてしまったので、今は別の宝石を埋め込んでいる。そこまでしたいくらい元気になるんですよ、エバネッセント・フォトンは。でも、額に埋め込んでも取り込める光はほんの少しでしょ。それよりは雷でドカーンと。

＊9 インドの伝承医学。アーユル（アーユス）は生命、ヴェーダは知識という意味で、直訳すると「生命の科学」である。発祥はおよそ3000年前と考えられている。インドのほか、スリランカでも古くから行われている。日本にも多くのサロンがある。

＊10 アメリカのラッパー、リル・ウージー・ヴァート氏が、2021年に参加した音楽フェスティバルで観客席に飛び込んだ際、額に埋め込んだ2400万ドル（2023年10月現在のレートで約36億円）相当のダイヤモンドを引き剥がされた。そのダイヤは手もとに戻ったが、現在は別の宝石を額に埋め込んでいる。

すごい磁場でもいいのかな、とも思います。ニコラ・テスラ[*11]がテスラコイル[*12]の実験をしたときに、自分の体に火花を通して電球をつけたりしていています。あのテスラコイルでつくった超高周波の電磁場でもいいのかな。あれはなかなか面白い。

松原さん[*13]の文章にありましたね。「特に電磁気力は課題がいっぱい残っている。静電気の世界には驚異が秘められている」と。まさに驚異が秘められています。そのひとつが若返りの効果かも。

反発しあう磁石が体の中の「水」を整える？

松原　お話を聞いていて、すごいことを思いだしました。もう30年くらい前になりますが、同じ形にそろえた銅とアルミと磁石を細いビニールチューブの中に詰め込んだものをつくってもらったことが

＊11 セルビア出身の発明家・研究者。発電機や変圧器をはじめとする機器の基礎となった回転磁場を考案し、「交流モーターの父」と称される。
＊12 電子機器に広く使われている高電圧誘導コイル。
＊13 73ページ参照。

あります。磁石のS極同士を隣りあわせにしてギュッとくっつけると、すごい電気が発生します。オシログラフ[*14]で測ってもらって確認しました。

保江　SとSを無理やりくっつけて固定するのね。

松原　はい。あの実験はめちゃめちゃ面白かった。

保江　僕も同じようなものをつくりました。N極とN極をくっつけて、強い圧力をかけて無理やり固定する。確かにすごいです。つくるときに、むちゃくちゃ圧力をかけていますから。永久磁石も、つくるときに相当なエネルギーが必要です。

松原　あのね、先生。大きい磁石の板を2枚つくって、その間に自分が立つと、体の中の水が調整できて元気になると思います。

保江　ああ、一理あります。

松原　体が健康なら、水分がバランスよく配分されていますが、たとえば膝の水分がなくなって骨がカスカスになったり、反対に膝に水がたまったりすることがありますよね。それは水の配分がよくな

＊14　電流や電圧の時間的な変化を記録する装置。

いからでしょう？　そういうときに磁石で挟むと、すごいことが起きるような気がしています。

保江　今度リニアモーターカーが開通したら、それにずっと乗っているのはどうですか。床下にすごく強い磁場があるから。

松原　下から磁力を浴びるのではなく、間に挟まってほしくて。

保江　NとSの間に？

松原　NとNかSとSかわかりませんが、反発する磁石の間に人間が立つと、体の水がきれいになって元気になるのではないかと思っています。人間の心臓は、電気で動いていますね。磁石の間に挟まると電気が調節されるから、心臓の調子がよくなるように思えて仕方がないのです。ただ、ペースメーカーをつけている人には向きませんが。あと、ダイエットにもいいのではないかと思います。

保江　磁場を簡単につくるには、やはりコイルを巻いて電磁石にするのがよさそうですね。大きいコイルをふたつ巻いて、両方に電流を流して磁場をつくって、その間に立つ。

＊15 酵素や微生物の活用技術によりトレハロースをはじめとする数多くの糖質を開発し、インターフェロンなどの医薬品・化粧品原料などの研究と製造も手がける株式会社林原の研究開発企業として1970年に設立。2011年に会社更生法の適用が申請され、翌2012年、株式会社林原に吸収合併された。

松原　立ってみたくて仕方がありません。

保江　[*15]林原生物化学研究所の知恵袋といわれた[*16]政木和三《かずみ》先生の発明で、電磁石のコイルを使って磁場の変動を神経細胞の[*17]発火のパターンにするというものがあります。発表当時はそれを医療用といったため問題になりましたが、結局おとがめなしということで再販されています。僕もときどき使っていますが、コイルにすごい電流が流れて磁場ができる。それをたとえば頭のところに持っていくと、スプーン曲げができるようになったりね。それと、コイルの中に日本酒の一升瓶やワインのボトルを置いておくとおいしくなります。そのコイルを背中と胸のところに当てて固定したらどう？

松原　いえ、全身を挟まないと。そうすれば、体の全身の水を調整できそうな感じがします。

保江　じゃあ、背の高いドラム缶にコイルをぐるぐる巻きにすればいいのかしら。それがいちばん手っ取り早い。

松原　皆さんあまり気づいていませんが、人間って調子がいいとき

＊16　1916〜2002年。発明家、科学者、スピリチュアリスト。元大阪帝国大学工学部工作センター長。発明の数は1000以上で特許も数多く取得したが、そのほとんどを手放して技術の無償提供を行った。振り子を用いてさまざまな事柄についての答えを得る「政木フーチ」の考案者。

＊17　神経細胞が電気信号を発することを「発火」といい、これによって情報を伝達する。

はきちんとお小水が出て、体内の水のバランスをよくしています。
バランスが悪いと、むくんだりします。

UFOの動力源は磁力かもしれない!

保江　磁石といえば、小学校3年くらいのときかな。UFOに興味を持って、どうやったらUFOを飛ばせるのかと考えていました。
あるとき、プラモデルに入っていたマブチ[*18]のモーターを分解したら小さい永久磁石が出てきた。近づけると、SとNはくっつくけれど、SとSは反発する。たぶんUFOはこれで浮くのだろうなと思って、SとSを無理やり近づけるということを必死でやっていました。確かな手応えがあったというか、僕の人生の中でいちばん生き生きしている時間だったかもしれません。

＊18 小型直流モーターの世界的トップブランド、マブチモーターのこと。保江氏の子供時代には、プラモデルに入っていたモーターは100パーセントといっていいほどマブチ製だった。

松原　ＵＦＯは何度か見たけれど、どうやってあんなふうに動いているのでしょうね。どうも磁力をうまく利用しているように感じます。磁石は面白いですね、先生。

保江　この前、岡山の歯科医院に行ったのですが、そこには地球が浮かんで自転しているオブジェがあるんです。先生に「これはなぜ浮いているの？」と聞いたら、「磁場をうまく利用しているらしいですよ」って。下からの磁場に反発するのを利用しているのですが、磁場というのは安定するポイントがありません。ところが、そのオブジェは安定して浮いて、くるくる回転している。「なぜでしょうね」ともう一度聞いたら、「よく知りませんが、ＵＦＯと同じ仕組みじゃないですか」というのよ。こういうふうに磁場を利用している部分もどこかにあるのかな、と思いました。

松原さんのアイデアを試すなら、やはり背の高いドラム缶の周囲にコイルをぐるぐる巻いて、その中に立ってもらうのがいちばんでしょう。ここまで松原さんが思っていらっしゃるのだから、たぶん何か起こるはず。やってみる価値はあります。

松原　ただね、NとNがいいのか、SとSがいいのか、よくわからなくて。

保江　実際にやって確かめたらどうですか。過去においてこれだけのことを指摘してこられた松原さんが、強いひらめきを得ているのですから。「松原式磁気プレッサー」と名づけましょう。とりあえずミミズで実験してみるといい。

磁石の力でトリハロメタンが消えた！

松原　これも30年くらい前ですが、早稲田大学の先生が、反発する磁石の力を使って精製水をつくる装置を試作してくださったことがあります。装置の中で水が循環するようにしてほしいとお願いした

＊19 水道水を消毒するために使用される塩素が、原水内の有機物と反応して生成するハロゲン化合物の総称。そのなかのクロロホルムとブロモジクロロメタンについては、国際がん研究機関（IARC）によれば発がん性の恐れがある。浄水場では、粉末活性炭処理や高度浄水処理によりトリハロメタンの低減化を行っており、水道水に残留したトリハロメタンも、ヤカ

ら、先生が金魚の水槽用のポンプを取りつけてくださって。

その装置に入れた水を何時間おきかに採取して、どう変わったかを日本分析センターで調べてもらったら、8時間経ったところでトリハロメタン[19]が消えたことがわかりました。最高に結果がよかったのは16時間後だったかな。

なぜそんなことを考えたかというと、水道水をサッと通すだけの浄水器がたくさん販売されているけれど、あれでは足りないところがあるように感じていたのです。もともと水というのは、地球上をめぐりながら何百年もかけてできあがるものでしょう？ つまり、地球という大きな磁石に触れながら常に循環しているのですから、それと似たものをつくれないかと思って。

保江　なるほど。磁石で水を変化させるといえば、日本ボイラ協会という文科省が認めたエンジニアリング系の組織の中に、磁化水[20]の分科会があったはずです。磁化水とは、水道管をN極とS極で挟んで、そこを通した水のことです。あるいは、松原さんが実験された

ンや鍋の蓋を開けたまま約5分間、沸騰をつづけるとほとんど除去できる。

＊20 磁気処理を施した水のこと。左に示したように、磁石のN極とS極の間を通した水を指す。短時間でお湯が沸く、植物の成長を促進する、カルシウムの付着がないなどのメリットがあるといわれているが、科学的に証明されてはいない。

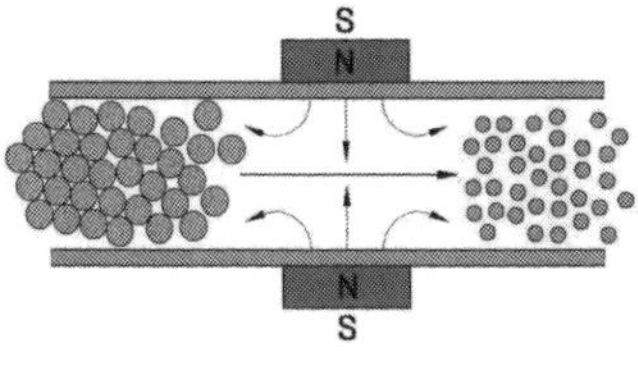

ように、水の中に磁石を放り込んで、しばらく置いたものも磁化水と呼びます。それをなぜ日本ボイラ協会がわざわざ研究しているかというと、普通はボイラーで水を沸かすと内側にカルシウム[*21]が付着して真っ白になるでしょ。ところが、磁化水を沸かすとそれがなくなります。

物理学的に考えれば、水を強い磁場に触れさせたからといって何かが起きるはずはないのに、実際には効果がある。協会としては、ボイラーの中にマグネシウムやカルシウムの結晶ができないというのは重要ですから、わざわざ分科会をつくったわけです。

磁化水の効果は、科学的には説明できませんが、これで小豆を煮て、おいしい餡をつくっている和菓子の老舗を知っています。磁化水を使うと、普通の水で煮たときの3分の2くらいの時間でふっくらと煮あがるので業績が伸びたそうです。

——　磁化水については肯定派もいれば否定派もいるが、植物の生育によい影響を及ぼすという報告がなされているほか、磁化水で納

*21 水道水にはさまざまな成分が溶け込んでいるが、そのなかのひとつであるカルシウムは水温が低いと溶けやすく、水温が高いと結晶化しやすい。また、水のＰＨが低いと溶けやすく、アルカリ性に傾くと結晶化しやすい。

豆をつくっているメーカーもあると聞き及ぶ。

保江　そうそう。植物を育てるには磁化水がいいし、芽がよく出るようになると僕も聞いています。磁場が水のクラスターに影響を与えるという説もありますね。だから、松原さんがおっしゃったようにN極とN極、あるいはS極とS極で磁場を拮抗させてその間に挟まると、その人の体内の水が磁化水になってプラスの影響を及ぼすのかもしれません。

松原　最初の実験台になりたいくらいです。

保江　松原さんがうまくいったら僕もやります。

松原　体の調子が悪くなるのは、水のバランスが悪いからだと最近は強く感じています。それを磁石で治せたらいいのに、と思って。

保江　とりあえず弱った金魚を小さい水槽に入れて、両側から磁場をワーッとかけてみたら？　金魚が元気になるかもしれないし、もしかしたら磁力線の方向に整列するかもしれませんよ。鮭などもそうですが、地球の磁場を察知して、生まれた川に戻ってくるという説があるくらいだから。

松原　渡り鳥も磁場を察知しているのでしょう？

保江　そうそう。しかも、最近になってやっとわかったのですが、あれは量子電磁効果です。それが渡り鳥の脳の中に現象として存在しているから磁場の方向がわかる。結局、地球上の生物は磁場を感じているんです。もちろん人間も同じでしょう。だから、ぜひ「松原式磁気プレッサー」を試作して、効果を確かめてください。

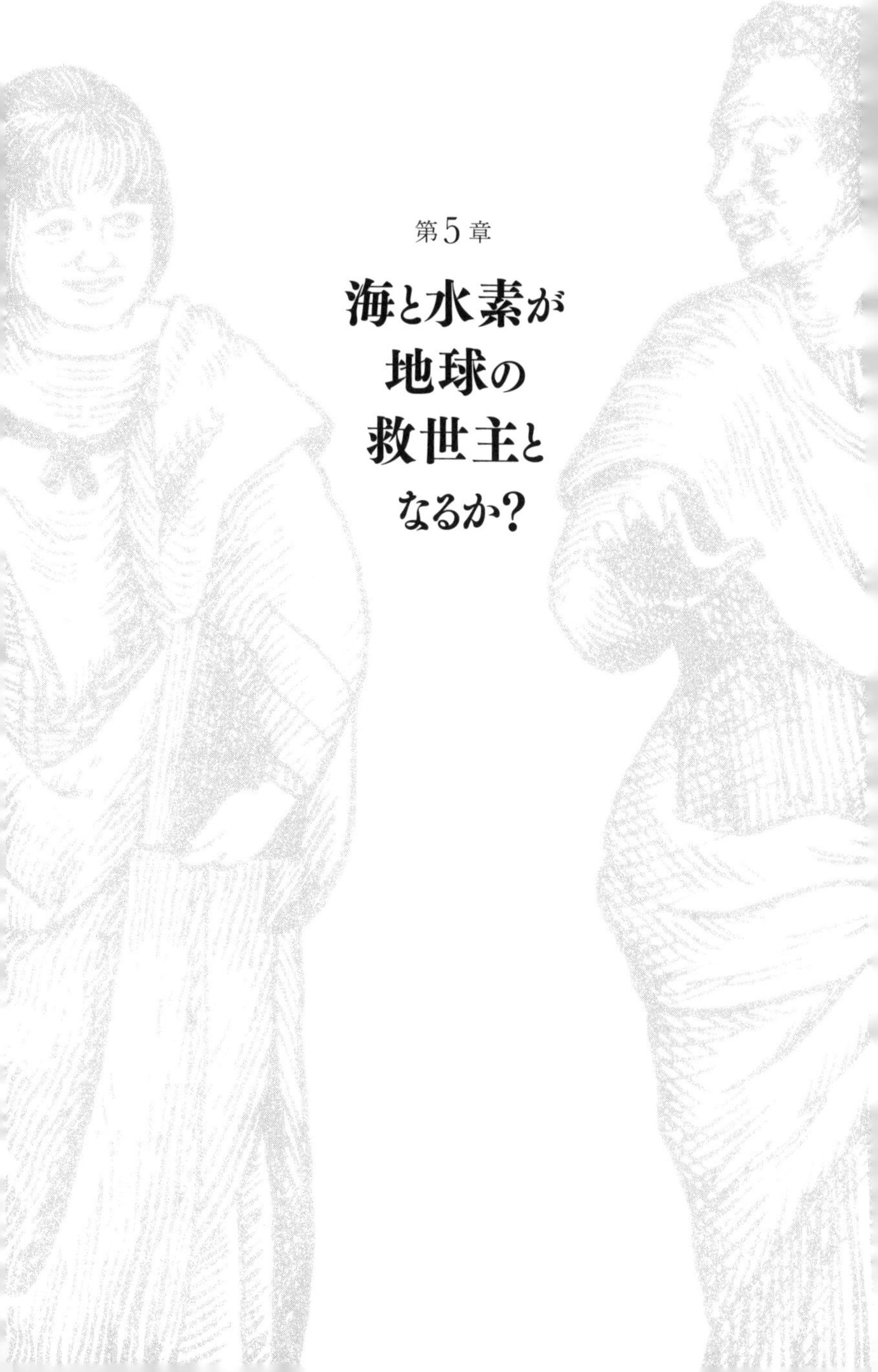

第5章

海と水素が地球の救世主となるか?

パラジウム、バナジウム、ラプラスの悪魔

松原　今ちょっと聞こえてきたことをお話しします。数字を間違えるかもしれませんが、地球上で見つかっている元素のうち100以上[*1]が海の中にあって、海水が混ざりあうことによって新しく生まれ変わっているそうです。海底には何千メートルという深いところがあります。その水が上のほうへ行くまでに3000回かき混ぜられて、それで溶け込む元素があるようです。

先生とお会いしてから海に興味を持ちはじめました。海水にはパラジウム[*2]も入っているのですよね。もうひとつよく似た名前のとふたつ。あれがすごく面白いと思いはじめて。

保江　はい、パラジウムとバナジウム[*3]ですね。バナジウムは海底の堆積物中にあります。また、このふたつは常温核融合[*4]の実験に使わ

＊**1** これまで人類が見いだした元素の数は、人工的に合成されたアメリシウムなどのラジオアイソトープ（放射性同位元素）も含めて118。

＊**2** 白金族のひとつで、プラチナ（白金）と同様に貴金属、レアメタルとして扱われる。水素を吸収する能力が高い。原子番号46。

＊**3** バナジウム族元素のひとつ。銀灰色の金属。空気中では安定する。鋼に少量加えると強度が増すので添加剤として用いられる。原子番号23。

れています。

松原　そのふたつが何かにくっつくと役に立つのではないかと思いはじめて。今また聞こえてきました。貴金属かな？　そういう高価なものは、海水が循環するうちに、海の中から早くなくなるのですって。処理水を海に流しても大丈夫というお話を聞いていたときに思い浮かんで。パラジウムってどんなものですか。

保江　金属です。常温核融合のときに電極として使います。

松原　この間の「世見」に何を書いたのか忘れましたが……。

保江　ハフニウム[*5]ですね。

松原　それが放射性のものとくっついてうまくいくのかな、と思っていたらパラジウムが出てきたので、お聞きしたくなりました。

保江　海はすべてを浄化するといいますか、核融合・核分裂を底のほうで行って、害のないものに変えてくれるのかもしれません。

松原　そのパラジウムが、可視光線のなかのどの光かわかりませんが、面白いことをするというのが聞こえました。もしかしたらX線

＊4・5　24ページ下段参照。

かもしれません。

保江　海中でも水深[*6]100メートル以内であれば、かなりの太陽光が入っていきます。水深50メートルくらいで真っ暗にはなりますが、波長の長い光は届きますし、そういう光が意外に化学反応と核融合反応の手伝いをしてくれます。

たとえば、太陽系のいちばん外側にある冥王星には靄《もや》のような大気があります。その大気を分析したら窒素などの分子ではなく、固体になったものが大気中を浮遊していることがわかりました。冥王星に届くわずかな太陽光が化学反応や融合反応をリードして元素同士がくっつき、微小な固体の浮遊物が生まれるそうです。

地球の海中であれば、もっとふんだんに太陽光のエネルギーがもらえていますから、まだわれわれが気づいてない化学変化、核融合変化、核分裂変化が起きているのかもしれません。そうした作用があるのなら、処理水はもう海にお返しして、海と太陽光に任せたほうが僕はいいと思います。

＊6 海水の透明度によってかなり異なるが、植物が光合成を行う限界が水深200メートル程度だといわれている。太陽光が届く割合は海面の0・1パーセント。

松原　今、先生が話しているときにニュートンが出てきたのと、ちょっと聞こえたのですが、ラプラフ？　その人が宇宙で地球のことを見ている、地球のことを予言できるといっています。

保江　それはラプラス[*7]の悪魔ですね！

松原　何がいいたいかというと、ここが面白いのですが、遠いところから見たら私たち人間は地球の細胞だから、ひとりひとりのことは見えないかもしれないけれど、地球全体の未来が見える惑星があるみたい。そんなふうに聞こえました。

保江　ラプラスの悪魔というのは、運動方程式と初期条件さえわかっていれば、未来のことはすべてわかると。つまり、この宇宙のすべての未来は、たったひとりの悪魔が全部わかっている、そんな存在がいるというたとえです。

松原　それでニュートンがなぜ出てくるの？

保江　ラプラスとニュートンは同じ時代の人で、先ほど申しあげた運動方程式を確立したのがニュートンです。

＊7 フランスの数学者・天文学者、シモン＝ピエール・ラプラスが自著で述べた超越的な存在。ある瞬間におけるすべての原子の位置と運動量を知り得る存在（ラプラスの悪魔）がいると仮定すると、物理法則にしたがって、その後の状態をすべて計算し、未来を完全に予測できるとする。ニュートン力学にもとづく古典的な世界観に立脚したものであり、量子論的な世界観においては、原子の位置と運動量は確率的にしか知ることができないので、ラプラスの悪魔は存在しない。

松原　今日みたいに楽しくなってくるといろいろなことが聞こえるのですが、何を教えてもらっているのかわからなくて。先生が解説をしてくださるので嬉しいです。

海水をかき混ぜることで海が救われる？

松原　先生とお会いしてから、もうひとつ面白いことをやっています。お料理をしているときに換気扇を回すでしょ。換気扇は空気や煙を吸っているでしょ。だったら、お線香を焚いて換気扇を回したら煙がぐるぐる回るかと思ってやってみました。そうしたら、ぐるぐるは回らなかったけれど煙の対流が起きた。これが物理学なのかどうかわかりませんが、何かに応用できるかなと思って。

保江　換気扇やプロペラについては、まだまだ原理がわかっていません。なぜ扇風機から風がくるのかもわからない。

松原　以前、食品加工機械の製造会社にお勧めしていたころ、揚げ油をかき混ぜるのにどんな形のスクリューがいいかと聞かれたときに、お花が見えました。

花びらって、だれかが計画したみたいに美しく並んでいて、それぞれに形が違います。それで、花びらをまねたスクリューを何個かつくってもらって実験したら、起きる対流が全部違っていました。いちばん面白かったのはチューリップの形です。だから花びらの形や並び方をよく観察して考えたら、すごく面白いスクリューができるのではないかな。

保江　なるほど。

松原　この世界には、皆さんが当たり前みたいに思っているけれど、当たり前ではないものがいっぱいあります。

ここから放射能関連の話になるのですが、処理水を海に流すときにスクリューでかき混ぜるとしたら、スクリューの形によって結果が違うのかなと。今また聞こえてきましたが、うまくいえるかな。3000回かき混ぜると消える元素があるとお話ししたと思います。上手にかき混ぜると、先生さっき話されていたことが起きるような気がして。

保江　常温核融合ですね。

松原　でも、普通に流すだけでは無理で、流すときにかき混ぜてやらないと。それでスクリューの実験を思いだしました。

海水はある程度ブレンドされているので、どこの水でも成分は大きく変わりませんが、そのなかで放射性物質によく反応するものを利用するには、かき混ぜないといけない。先生と一緒に放射能を除去できたらいいなと思ったら、そういうことが見えてきて。

保江　処理水をただ流して拡散するのではなくて、そこに流れを入れ込むということですね。

松原　対流に大事な意味があるということは、お風呂に白い入浴剤を入れて、自分の手でかき混ぜているときに気づきました。

海中で常温核融合を起こせるかもしれない!?

松原　先生、福島のずっと東のほうに日本海溝[*8]があるでしょ。

保江　はい、あります。

松原　普通に処理水を流したら、日本海溝からやってくる波でしか海水を混ぜられません。海の中にはプランクトンがいて、なんやらがあってと、海のサイクルがあるじゃないですか。それだけではなく、どうも陸から流れてくるいろいろなものを分解して海があるのだとしたら、そのへんに何か秘密があるのかもしれません。そう思ったらパラジウムが浮かんできました。

保江　常温核融合が起きるのかな。そうすると、放射性物質が非放射性物質になります。

松原　海の中にはパラジウムが微量にあるみたい。

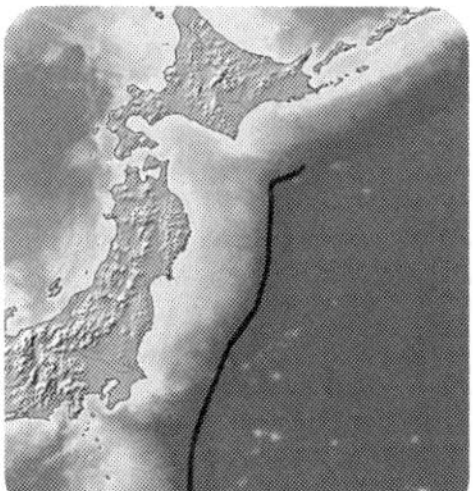

＊8 太平洋北西部、東北日本の沖合にある海溝。最深部は8000メートルを超す。

保江　常温核融合の実験のように、バナジウムとパラジウムの電極のようなものをつくって、処理水を流す場所に落とすとか。

松原　この間もお話ししたと思いますが、若狭湾に流出した重油を取り除く方法はないかと考えていたときに、粉砕した籾殻でお団子をつくってもらいました。そのときは、海水中のニガリの濃度を変えたら重油をうまく吸着したのです。今回も、海の何かの比率を変えるといいのではないかという気がしています。

保江　放射性物質を海水の中である程度、凝集させて、常温核融合か何かで戻すというわけですね。たぶん、そのために海水の流れと、パラジウムかバナジウムが必要なのでしょう。

松原　海の成分の比率を変えるとうまくいきそうな気がします。多くの人は海を海としか見ていませんが、海とはどういうものかを改めて考えてほしいのです。放射性物質をなくすにはどの元素が必要なのか今日はわかりませんけれど、地球上で見つかっている元素のほとんどが海にあるのなら、海の成分の比率を変えれば、先生がお

*9　26ページ参照。

*10　1993年にロシア政府が公表した「ヤブロコフ白書」によれば、旧ソ連およびロシア共和国は、核燃料が入ったままの原子力潜水艦の原子炉6基と、原子力砕氷船の原子炉、核燃料を抜き取っ

っしゃったようにうまくいくと思います。

保江　ロシア[*10]は廃棄した原子力潜水艦を北洋海域に沈めているし、放射性廃棄物を日本海に投棄しています。アメリカの「スレッシャー[*11]」や「スコーピオン[*12]」も沈没事故を起こしている。その一帯には放射性物質が充満しているはずですが、それが悪さをしたという話は聞きません。ひょっとしたら深海になんらかの作用があって、すでに放射性物質が軽減されているのではないかと思います。海についてはもっと真面目に研究したほうがいい。

松原　海のことがわかると、もっといろいろなことがわかってくるような気がします。

保江　海を利用するという話は、これからの日本にとっては大事ですね。僕は最近、けっこう海辺に行っています。結界が崩れているところを直してくれといわれるのでときどき行くのですが、たいてい海辺です。

それで気づいたのは、スピリチュアル業界ですごいパワースポッ

た原子炉10基などを北洋海域（バルト海、白海、バレンツ海、カラ海）に投棄した。また、日本海を含む極東海域には、大量の放射性廃棄物と、核燃料を抜き取った原子炉2基を投棄した。ほか、2019年にはノルウェー沖で、1989年に沈没したロシアの原子力潜水艦付近の海水から、通常の80万倍の放射線が検出されている。

＊11・12　どちらもアメリカの原子力潜水艦。スレッシャーはマサチューセッツ州コッド岬沖に、スコーピオンはアゾレス諸島付近の海域に沈んでいる。

トだといわれている岬に行くと、風がすごい。海から押し寄せる波も激しい。雰囲気も神々しい。たんに「気」がいいというだけではなく、そこに空気の流れと海水の流れが合わさってエネルギーを高めている場所が日本には多いのだと実感します。そういう場所には必ず神社が建っていますが、神社があるかないかという以前に、ここは確かにすごいなと思える場所ばかりでしょ、日本って。他の国ではイギリスくらいです。イギリスも海洋大国として一世を風靡しました。日本もこれからは海洋大国として伸びていかなくちゃ。

地中の水素が次世代のエネルギー源となる?

松原　最近は水素にも興味が出てきました。水素と、ネオン[*13]と一緒のあれ、ヘリウム[*14]。これからすごく注目を浴びると思います。

＊13 周期表第18族に属し、希ガス元素（ヘリウム、ネオン、アルゴン、クリプトン、キセノン、ラドンの6元素の総称）のひとつ。原子番号10。化学的にきわめて不活発で、他の元素とは容易に化合しない。ネオンサインや放電管などに利用される。

＊14 前項のネオン同様、周期表第18族に属し、希ガス元素のひとつ。極低温用冷却剤や気球用のガスとして使われるほか、近年では半導体、液晶、光ファイバーなどの製造工程や、プラズマテレビの放電ガスとしても使用され、世界的に供給が不足している。

今、水素[*15]を今いろいろな国が掘ろうとしています。先日ご相談にいらした方に、日本ならどこにあるかと聞かれたので、地図を触って、だいたいこのあたりではないかというお話をさせてもらったのですが、その人と話している最中に（セ氏）マイナス238度[*16]というのが聞こえました。水素を取りだすのにその温度でないといけないということが、そのときにわかった。

保江　液体水素[*17]になる前の温度ですね。

松原　その人がいうには、水素を入れておくタンクが球体なのだそうです。

保江　球体だと圧力が均等にかかりますから。

松原　ただ、（セ氏）マイナス238度にしてタンクに入れても、あまりもたないそうです。ちょっとずつ抜けていくので。

先生にお聞きしたかったのですが、抜けていくということは、タンクの中で対流が起きていますね。

保江　どうでしょうね。拡散して抜けるのだと思います。水素はい

＊15 近年、世界のエネルギーの専門家たちが「地中水素」に注目している。この地中水素は地下深くの自然なプロセスで発生し、その結果として生じる水素ガスは、すでに存在する掘削方法によって取りだすことが可能だという。アメリカの「コロマ」という企業はすでに試験的な掘削を行っており、数年先には世界中で地中水素が脚光を浴びるとの予測もある。

＊16 セ氏マイナス238度について調べたところ、1986年に、この温度で超伝導の性質を示す銅酸化物系の物質が発見されたことがわかった。ただ、水素との関係については不明。

＊17 液化した水素のこと。沸点はセ氏マイナス252・6度、融点はセ氏マイナス259・2度。

ちばん小さい元素なので、対流がなくても抜けてしまうから。

松原　今聞こえたのですが、水素の原子番号は1ですか？

保江　はい、1です。だから拡散で抜けていくんです。

松原　そうですか。だったら、対流が気になったのは、タンクの中に対流をつくるといい、という意味かもしれません。

保江　今のところ、触媒に吸わせています。気体あるいは液体のままだと保持しにくいけれど、白金などの金属の触媒に大量の水素をくっつけておくことができるので、それで保持するのがいちばん安全です。気体や液体のままだと、すぐに爆発して危険ですから。

松原　アフリカの地図も調べました。アフリカ[*18]には水素がいっぱい埋まっています。

保江　水ではなく水素ですか？

松原　はい。今、水素を仕事にしたい人が世界中にいます。

保江　その水素はいわゆる同位体[*19]？

松原　あまり詳しくはわかりません。

＊18　2018年、アフリカのマリ共和国で地下水の掘削工事中に天然水素が発見された。その近辺には広範囲にわたって水素が分布していることが判明したが、埋蔵量については調査中の段階。

＊19　原子番号は同じだが、質量数が異なる元素のこと。原子核の陽子数が同じだが、中性子数が異なるため、質量に違いが生じる。同位体のうち放射能を持つものを放射性同位体（ラジオアイソトープ）という。

保江　水素[20]自体は宇宙にもいっぱいありますから、地球内部にも多いはずです。

松原　水素が空気中にあるのはわかりますけれど、ヘリウム[21]もあるのかな、空気中にね。

保江　ヘリウム[22]は鉱物の中にあるほうが多いし、軽いから、空気中にあってもすぐに上のほうへ行って対流しにくいですね。あ、そうか。ひょっとしたら、ヘリウムの同位体のことをおっしゃっているのかもしれない。

松原　これからは石油や石炭じゃなくて水素の時代がやってきて、次にヘリウムかな、と思っています。

保江　核融合ができれば、水素からヘリウムはすぐにつくれます。ただ、水素は海水からでも取れますし、費用はそのほうが圧倒的に安い。電気分解すれば塩素と水素が出ますから。

松原　トヨタの車がこの前、水素で走りました。先生と水素スタンドをつくりたくて。

＊20 地球の大気は、主に窒素（約78パーセント）、酸素（約21パーセント）、アルゴン（約0・9パーセント）で構成され、水素が占める割合は0・00005パーセント。だが、宇宙を構成する元素の約90パーセントは水素である（原子数比）。

＊21 大気中に含まれるヘリウムは、比率にすると約0・0005パーセント。

＊22 地球上のヘリウムは、大気中、天然ガス中（鉱泉ガスと鉱山のガスを含む）、鉱物中に存在する。このうち最も利用しやすいのは天然ガス中に含まれるヘリウムだといわれている。

保江　イワタニ[*23]が今、水素ステーションをつくっているでしょ。ただ、あれは非常に危ない。普通のガソリンスタンドは、何台かの車を同時に入れていますよね。ところが水素の場合は、隣との隔壁をものすごいコンクリートでつくっておかないと、こっちで入れている水素が爆発したら隣まで煽りを食らいます。ということで、トヨタががんばっても本気で水素をやるとは思えません。ガソリンはけっこう危ないのですが、水素のほうがもっと危ないので。

松原　ただ、日本にも水素はあるし、すでに大きな力が動いているように感じます。水素をエネルギーにしようとして。

――　松原氏のいう水素エネルギーが、常温核融合にかかわるものである可能性はないだろうか。実際、常温核融合については、複数の会社が実用化を進めているという話を聞く。

保江　常温核融合は「ない」ということにされていますが、実際にはありますし、密かに研究がつづけられています。常温核融合発電を使って車を動かすというのはいいと思いますよ。水素を燃焼させ

＊23　イワタニグループが運営する水素ステーションは、２０２３年１月現在、全国に１６３か所設置されている。

てエネルギー源にするというのはあまりおすすめしません。

燃料電池や「水」の活用法に改めて注目すべき

保江 水素をエネルギーとして使うよりは、燃料電池を使うという選択肢があります。水素と酸素でゆっくりと化学反応を起こすことで電気を起こすのです。そんなに爆発的に燃焼しませんから安全性が高い。そのほうがまだ実用化の可能性はありそうです。水素を直接酸素と結合させて、つまり燃焼させてエンジンを回すより、水素と酸素で電気を起こしてモーターを回すほうが楽だと思います。燃料電池[*24]の実績はもう長い。大昔の人工衛星の打ちあげのころから使っていますから。でもなんだか、水素というとお金が回るし、怪しい人たちが群がってくるような。

＊24 燃料電池は、1838年にウィリアム・グローブによって発明された。1960年代半ばからNASAの人工衛星や宇宙カプセルの発電に使用されるようになった。商業施設、産業施設、住宅、燃料電池自動車の動力源としても利用されている。

松原　いえ、先生、今は世界中が水素に注目しているみたいです。

保江　しかし、水で動くほうが安全でしょう。[*25] 車の燃料タンクに水道水を入れれば動くというのが。

松原　タイヤに水を入れるというのは実験したことがあります。以前お勤めしていた会社の社長が同じ車種の中古を2台買ってくれたので、タイヤの中に水を入れました。

保江　空気じゃなくて水を入れたのですね。

松原　なぜかというと、タイヤの中に水を入れると遠心力でぐるぐる回りますから。それと、デザインによって回転の勢いが変わります。面白いのは、水を満杯にしないということ。少し空間を残しておくと、ブレーキをかけたときにうまく止まります。

保江　なるほど、わかった。制動能力は高くなりますね。

松原　タイヤに工夫をするといろいろなことが変わります。雪道でもすごく変わるのがわかるんです。一度、タイヤのデザインを描いたことがあります。そのときは不思議な世界の方に、車の仕組みも

＊25 アメリカ人で発明家のスタンリー・メイヤー（1940〜1998年）は、水燃料電池を発明したと主張。水で走るバギー車を開発して、1998年3月20日、アメリカ大陸横断を成し遂げた。だが、その直後、レストランで食事をしている際に急死。暗殺されたとの説もあるが、検死官の報告書によれば、死因は脳動脈瘤の破裂だという。

少し教えてもらいました。そうしたら何年後かに、それと同じデザインのタイヤが発売されたと教えてくれた人がいました。

皆さん、タイヤの中に水を入れるという発想はされませんが、なぜそういう発想がないのかがわかりません。

保江　たぶんタイヤが重くなるからでしょう。すると燃費が悪くなります。車のタイヤというのは、サスペンション[*26]のバネの先につけるわけですが、その部分が重くなると、ダンピング[*27]が効かなくて何度も跳ねるから乗り心地が悪くなります。だからマグネシウムのホイールとかを使ってタイヤを軽くしているわけです。タイヤの中に水を入れちゃうと、1回ボコンとなったら、その後しばらくつづくんですよ。そこがネックです。

松原　実験をしたときは、タイヤの回りがすごくよくなっていたのですが。

保江　それはそうです。重いから回転の慣性がつくので、慣性モーメント[*28]で回りはよくなります。水は液体だから、制動時に中で摩擦

＊26 自動車のサスペンションは、車輪を支え、衝撃を吸収する機構。車輪を支えるサスペンションアームとバネ（スプリング）、そしてダンパー（ショックアブソーバ）から構成される。快適な乗り心地を実現するとともに、常にタイヤが地面に接した状態で安定的に走行させる役割を担う。

＊27 サスペンションの部品であるダンパーが、車の走行時の振動を減衰すること。凹凸のある道などで揺れがすぐに収まることを「ダンピングが効いている」と表現する。

＊28 止まっている物体を回転運動させようとするときの動かしにくさ、あるいは回転している物体の止まりにくさを表す指標。

をつくってくれるし。

松原　そのときに、プラスマイナス、プラスマイナスというのが中で起きているのが見えました。

保江　水の中では静電気も起きますからね。だから現象としては面白いのですが、車のタイヤにそれを採用するのはどうかなあ。産業用の車なら需要はあるかもしれませんが、普通車では難しい。特殊車両、たとえば戦闘車両とか。戦闘車両のタイヤに水を入れたら特殊な走行性能が出るとなったら、面白いかもしれません。

第6章

世見者と物理学者の非日常的な日常

地図に触れると人が動いたエネルギーを感じる！

――松原氏はしばしば地図に触れ、見えたことや聞こえたことをオフィシャルサイト「幸福への近道」の連載記事「世見」で発信している。たとえば、触れた場所の大地が揺れやすいかどうか、気温はどうかといったことから、そこに暮らす人々の営みまでも感じ取れるようだ。この日も、そんな話題が出てきた。

松原　地図に触っていると、朝鮮半島はとても面白いんです。今かすかに聞こえてきたことを話してみますが、うまくいえるかな。朝鮮半島って、今は南北に国が分かれていますけれど、半島全域を他の国に制圧されたことがありません。日本[*1]を除いては。

保江　そうでしたね。

松原　制圧されたことがないという点では日本も同じです。ただ、

***1**　1910年に韓国併合条約が調印・発効され、大日本帝国は大韓帝国を併合し、その領土であった朝鮮半島を領有した。以後、第2次世界大戦が終結する1945年まで、日本による朝鮮半島の支配がつづいた。

大量殺戮《さつりく》兵器やコンピューターが出てくる以前の、人間同士が戦っていた時代には外から来た敵に襲われたことがあります。でも、神様が何とかしたという伝説が残っていますよね。

保江　神風襲来、元寇[*2]ですね。

松原　日本には山があるから、昔の戦略からすると攻めにくいと思われていました。朝鮮半島もそんな感じで、いっときでも制圧できたのは日本だけです。

紛争が多い地域の地図にこうして触っていると、いろいろなことが感じられるんです。たとえばロシアとウクライナのあたりは境界がなくて、ここまでがロシア、ここからがウクライナというふうには分けられません。なぜって、国境を越えて人が移動しているでしょ。ロシア人がウクライナ側にいることもあります。それと、どこだったか、直線を引いて区切られた国がありますよね。

保江　アフリカ北部や中近東[*3]はそうです。

松原　あのへんの地図に触っていても同じことを感じます。先祖と

＊2 朝鮮半島の高麗を征服した元が、1274年と1281年の2度にわたって日本に遠征軍を派遣した事件。いずれも台風に見まわれて敗走した。

＊3 左の地図を見るとわかるように、国境が直線になっている。

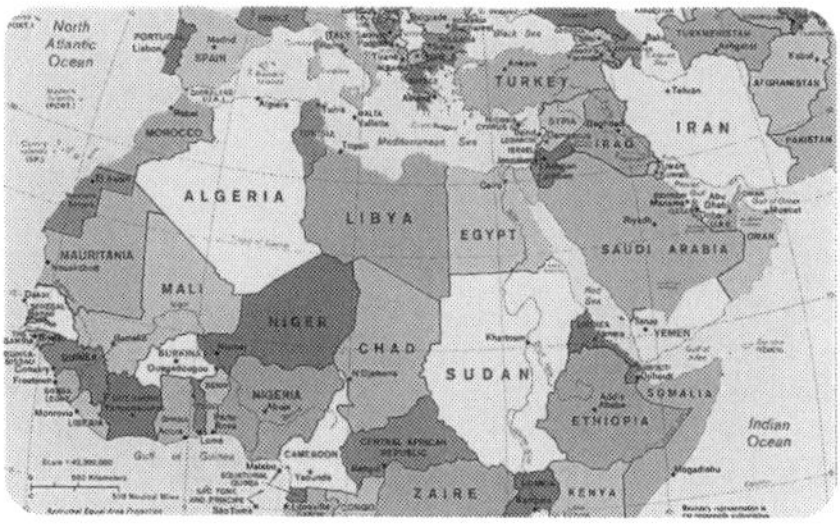

いう言葉がどこまでを指すのかわかりませんが、人間が動いたエネルギーというか、血の記憶というか、何かの流れがその場所に残っているように感じられるのです。

アフリカ北部や中近東は、戦争に勝った人間が勝手に線を引いて土地を分けたから四角い国ができましたが、人間のエネルギーは線で分けることができません。だから、国境をまたいだ両側に、同じ民族の気配のようなものを感じます。いまだにややこしい戦争がつづいている地域には、そういう昔の血の記憶が残っているのではないかと思います。うまく話せているかな。

地下がないはずのペンタゴンに地下が見える⁉

――ふだん松原氏は、どんなふうに地図に触れているのだろう

*4 長年愛用している地図に触れる松原氏。

か。対談の場で実演をお願いした。

松原　皆さん[4]には申しわけないのですが、まず自分が住んでいるところをこんなふうに触って、近々揺れるかどうかを確認します。この間、トカラ列島[5]がよく揺れていましたね。あのあたりは今後も注意が必要です。それと、海底が不安定な時代に入ってきました。皆さん、陸で起こる地震はとても気にされますが、海底のことはあまり気にしません。海底の動きにも注意してほしいと思います。

　前回の本でアメリカのことを書いたときは、州ごとに地図を触って見えたことや感じたことを文章にまとめました。

保江　それでアメリカの地図を買われたのですか。

松原　はい。州ごとに地図を触っていると、いろいろなことが見えてきます。ペンシルベニア[6]州は、あまり大きな州ではないけれど、トランプのがんばり次第ではトランプを支持するのが見えたので、それを書きました。

　バイデン[7]がずっといた州はめちゃめちゃ面白くて、政治家や著名

＊5 鹿児島県南部、屋久島と奄美大島の間に点在する火山列島。口之島、中之島、臥蛇島《がじゃ》、宝島などからなる。

＊6 ペンシルベニア州は、アメリカ大統領選の鍵を握るといわれる「激戦州」のひとつ。

＊7 バイデンは、ペンシルベニア州で生まれ、デラウェア州で育ち、1973年にデラウェア州から連邦議会上院議員に当選。2009年まで連続6期、上院議員を務めた。同州は人口が6番目に少ないが、約100万の企業が本拠地を置く。事業活動の実体がないペーパーカンパニーも多数ある。

人のペーパーカンパニーがたくさんあるし、税制が独特だというのが見えました。

――「どこかにUFOが落ちていたりしませんか？」と、対談の場にいあわせた人から質問が飛んだ。

松原　UFOですか……。あの五角形のところ。

保江　ペンタゴン[*8]です。

松原　うん、ペンタゴンが見えました。よくわかりませんが真ん中[*9]に空間があって、そこがすごく面白い。地下[*10]もあります。

先生、もしかしたら核融合というのはこんな施設でできるのでしょうか。そういうイメージがあります。

保江　地下があるとしたら、1年くらいはこもれるように、エネルギー発生装置があるはずです。

松原　ホワイトハウスも昔とは違いますね。昔[*11]はホワイトではなかったのでしょう？　こんなふうに自然と言葉が出てくるので、それを書いていています。なんでも聞いてください。

＊8・9　アメリカ国防総省本部の建物。五角形（ペンタゴン）であることからこの名がつけられた。真ん中にあるのは売店。

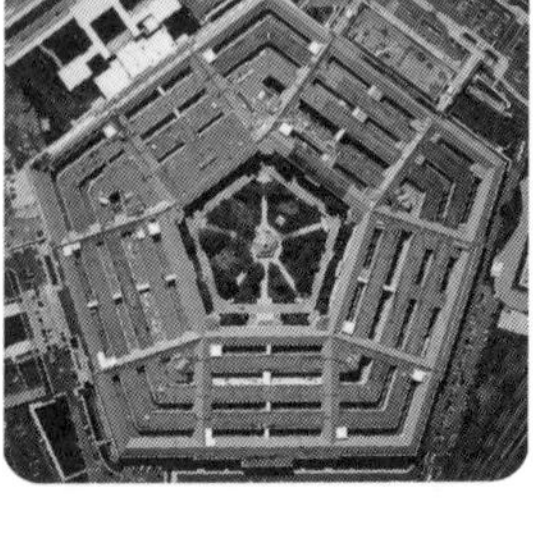

＊10　ペンタゴンには地下は「ない」とされている。

＊11　建設当時はグレーだったが、米英戦争で焼かれ、外壁の焦げ後を隠すために白く塗られた。

習近平は感情や思考をまったく顔に出さない！

――ここ数年、松原氏は、そんなに遠くない未来、中国がいくつかに分裂すると語っている。今後の動きは予想できるのだろうか。

松原　中国は勢いを失うでしょう。でも、習近平は意外と長生きします。なぜかというと、元気ですから。あの人は、毛沢東[*12]を表に出して神格化したいわけでしょ。ちょっと怖いなと思うのは、あの人に逆らう人がひとりもいなくなったことです。

保江　この間も粛清[*13]がありましたね。

松原　ロシアのプーチンは、まだ顔色が読めます。あの人は顔に出ますから。でも習近平は、顔にまったく出ません。

保江　なるほどね。

松原　なぜ顔に出ないのかと考えながら見てみたら、あの人が何も

***12** 毛沢東は、1949年に中華人民共和国を建国し、国家主席となった。習近平は、毛沢東を政治の師と仰ぎ、アメリカに次ぐ経済大国にはなったものの社会主義の理念が失われつつある現在の中国を、建国期の毛沢東の思想に立ち返らせようとしている。

***13** 習近平政権第3期（2012年11月15日〜）の発足後、外務大臣であった秦剛が2023年7月25日に、ロケット軍司令官であった李玉超が7月31日、国防相であった李尚福が10月24日に解任された。また、李克強前首相が10月27日未明に心臓発作で死亡した。

考えていないからだとわかりました。党大会か何かで、ほかの人たちが何かを読みあげているシーンを見たときに気づいたのですが、習近平は何も考えていません。自分がしゃべるタイミングは決まっているから、そのときだけしか頭を働かせていない。その場にいる人たちを動かそうなどとは思っていないのです。

保江　無の状態ですか。

松原　無ではなくて、ほかのことを考えています。極端にいうと、「今日のご飯はまずかったな」くらいのことを。ああ、そうだったのかと思いました。表情さえ変えなければ顔色が読めないから、みんな必要以上に勘繰ったりしないでついてくるんだなって。
　いちばん表情が読みやすかったのはヒトラーです。だから女性に人気があった。イメージとしては演歌歌手です。

保江　演説が上手でしたしね。

松原　ヒトラーの「気」を読むと、自分が思っていることをそのまま表情に出して話していることがわかります。スターリンもヒトラーもマザコンで、好みのタイプはお母さんに似た人だ、というところまでは読めます。

ウクライナのゼレンスキーはテレビでよく見ますが、ずっと考えていますね。あの人の特技は、自分の書いた原稿のとおりに話せることです。私も原稿を書いていますが、うまく書けたときは人前でうまく話せるかというと、話せません。

保江　ゼレンスキーは役者ですから。

松原　テレビに出てきたいろいろな人たちの性格を読むのが楽しみのひとつです。ただ、バイデンはよくわかりません。トイレが近いしね。この間、思わず笑ってしまいました。バイデンさんは今トイレに行きたいんだな、と私が思った瞬間、バイデンさんの話し方が乱れたので。ああ、やっぱり行きたいんだ、と思いました。

トランプの頭の中を見ると、ロジックがめちゃめちゃなのがわかります。レコードが回るみたいに同じところをぐるぐる回っているのですが、語尾の強さと強弱だけで人を引きつけています。大統領時代は、何でも思いつきだけでやっていて、これから国をどう動かせばよいかという考えはありませんでした。バイデンがトランプのやろうとしたことをひっくり返したのは、やり返したくて仕方がないという気持ちだけで、深い意味はないように見えます。

官僚の名前を見ると日本経済が予測できる?

保江　日本はどうですか。岸田政権は。

松原　日本は総理大臣がだれでも変わりません。安倍さんだけがちょっと長すぎて、かなり安倍色になりましたが。

日本にはいろいろな省庁があるでしょ。もしも経済の動きを知りたかったら、パソコンで財務省の官僚の名前を調べて、「この人はどんな人間だろうか」と考えながらジーッと見つめると、感性の豊かな人なら何かがわかりますよ。

これからの日本経済は、総理大臣では決まりません。内閣が解散しても国が大きく変わるわけではないから、私自身は解散や選挙には興味が持てないのです。ただ、日銀の新総裁[*14]はちょっと気になります。今まで勉強されたことに関連する論法というか考え方が中心で、新しいことを考えられない人だというのが見えました。

あの方の考えの中には、今進めていることが10年先、20年先の日本経済にどんな影響を及ぼすかという読みがありません。年齢的には70代ですよね。日銀総裁という役職があと何年つづくか、その期間内にひどくならなければいいとお考えです。冒険心がない。

保江　参政党[*15]はどうですか。この前の地方選挙ではけっこう躍進して、京都ではかなりの議席を取りました。じつは参政党躍進の背後には霊能力者がいるそうです。その人のアドバイスに従って動いた結果が今回の議席数。今度、衆議院が解散したら当然、参政党は候補者を出します。どうなるかな。保守の受け皿がないから。

***14**　2023年4月、植田和男氏が日銀総裁に就任。1951年生まれ。専門はマクロ経済学と金融論。東京大学名誉教授であり、同大学で長期にわたって教鞭を執るかたわら、大蔵省財政金融研究所主任研究官、日本銀行政策委員会審議委員を歴任。

***15**　2020年に結成された政党。2022年の参院選で1議席を獲得した。目指すところは、①先人の叡智を活かし、天皇を中心にひとつにまとまる平和な国をつくる。②日本国の自立と繁栄を追求し、人類の発展に寄与する。③日本の精神と伝統を活かし、調和社会のモデルをつくる。

松原　鳩山一郎さん[*16]から今の政権までを見ていると、日本はどれだけ総理大臣を替えてきたことか。宇野さん[*17]なんかは数か月だったでしょ。その間に、ものすごい数の党ができたり、消えたりしていいます。今は「党」で政治を見る時代ですが、先生がおっしゃった党も消えるでしょうね。どこかと合体するかもしれませんが。

この間、ガーシーが捕まったときは、正直にいうと嬉しかったくらいです。あの人がだれかの悪口をいったことに腹が立ったのではありません。私は選挙に出られる先生方を何人か存じあげていて、一生懸命、選挙運動されているのを見てきました。そういうお姿を多少なりとも知っているから、28万票も取ったのに国会に出ないあの人が大嫌いになって。政治をバカにしています。

あとはお金の増やし方というか、普通に会社勤めをしていたらお給料が決まっていますから、定期的に積み立てをしていく感じでしょ。そのあたりについて真剣に考える時期が来ています。なぜかというと、銀行が危ないように思えるから。1990年代に合併の嵐[*18]

＊16　1954年に就任した鳩山一郎氏は第52代、現在の岸田文雄氏は第101代。過去69年の間に、のべ50人が内閣総理大臣を務めたことになる。

＊17　第75代・宇野宗佑氏。在籍日数は69日。

＊18　バブル崩壊後の「失われた10年」といわれる時期に銀行の再編や合併が行われた。1990年の三井と太陽神戸の合併を皮切りに、それまでの6大銀行（三井、住友、三菱、富士、三和、第一勧銀）が、最終的に3つ（三井住友、みずほ、三菱東京UFJ）に集約された。

が吹き荒れました。太陽神戸銀行からはじまって、三菱はＵＦＪになったし、富士はどこと合併しましたっけ。

保江　どこがどうなったのか思いだせないくらいでしたね。

松原　今残っている銀行の個性を調べておくと、この次はどの銀行とどの銀行がどうなるのかを考えるのに役立つのではないかな。たとえばいくつかの銀行が合併して三菱東京ＵＦＪになったのは、個性が似ているからでしょ。

保江　それよりね、使っちゃえばいいのよ、お金は。ためておくのはダメ。お金は使えば使うほど、どこかから入ってきます。

松原氏と保江氏のポルターガイスト体験

――話はどんどん面白い方向へと展開していく。次は、松原氏と保江氏が体験した不思議な現象について。まずは松原氏が、箱根のとある旅館で起こった出来事を語りはじめた。

松原　先日、ちょっと面白いことが起こりました。親しい人たちと箱根の旅館に泊まったのですが、バケツをひっくり返したような雨が降って外へ出られなかったので、じゃあお酒でも飲もうかということで何人かが買い出しに行って、きれいなブルーの瓶に入った日本酒を買ってきました。それをテーブルの上に置いといて、さあ飲もうかと手に取ったら、何もしていないのに底が抜けたんです。機械で切ったみたいにスパッと。一応、お酒を買った店に電話をしたら、「こんなふうになったのは見たことがありません」といって、喜んで瓶を持ち帰られました。

保江　そういうことはときどき起こりますね。先日、イタリア料理店で食事をしていたときに、一緒にいた人が「なんだか手が濡れるな。このグラス、どこかに穴が開いているんじゃない?」といいだしまして。え?　と思ってワイングラスをよく見たら、まん丸のきれいな穴が開いていたのです。取れた破片がグラスの底に沈んでいたので、中身を空にしてからそっと取りだしました。お店の人に知らせたら「すみません」と謝ってくれたのですが「いやいや、このグラスを持って帰らせて」と。持ち帰ってオブジェにしようと思って。ちょうど僕の部屋に手錠があったので、ワイングラスにガシャンとかけたら現代アートみたいになりました。次にそのお店に行ったときにお見せしたら「いいですね。これ、いただきたかった」といわれました。そのオブジェは今、神戸の六甲にあるマジックカフェに飾ってもらっています。

松原　日本酒の瓶を見たお店の人も驚いていました。普通に割れたり、ヒビが入ったりするならわかりますが、まん丸の形に底が抜けるというのは、やろうと思ってもできません。

――いわゆるポルターガイスト[*19]現象が起こると、その家の窓ガラスなどが、何かで切り取ったかのように丸く割れることがある。2000年に、岐阜県の町営住宅でポルターガイスト騒動が起きたと

*19 「ポルターガイスト」を直訳すると「騒ぐ霊」。心霊研究に用いられる概念で、住人が何もしていないのに家の中で大きな物音がする、物品が移動する、家具が破壊されるなどの現象が起こる。

きも、食器がきれいに四角く割れるなどの現象が見られた。

保江　日本酒のボトルの底が抜けたのもポルターガイスト現象だったのでしょうね。

松原　ヒビもなくスパッと抜けました。泊まった旅館の部屋に何かあったのかもしれません。

保江　底が抜けるという話で思いだしたことがあります。千葉の香取神宮で安産祈願をすると、「底抜け柄杓《ひしゃく》」[20]というものを授与してくださる。底が抜けていると、水を入れたときスコーンと抜けるでしょ。それくらい簡単にお産がすむように、という意味で。僕の知りあいがその柄杓をいただいたら、産婦人科のお医者さんが驚くくらいあっという間に終わりました。香取神宮、恐るべしです。

松原　ここでご紹介したら参拝する方が増えるかも。

保江　日本酒のボトルの底が抜けたとき、一緒に旅行された方かその関係者に妊娠中の方はいらっしゃいませんでしたか？　もしいらっしゃったら、安産であるようにと、神様がそんな現象を起こして

＊20 安産祈願に際して底抜け柄杓を授与する寺社は、香取神宮以外に、子安神社（東京都八王子市）、立正寺（山梨県甲府市）、砥鹿《とが》神社（愛知県豊川市）、種間寺（高知県高知市）などがある。

くださったのかもしれません。

未来を告げる声が聞こえる！　財布が光る！

松原　私が今ほしい物はスマートフォンなんです。でも、事務所のスタッフにダメだといわれて。

保江　偉い。そのとおりです。持たないほうがいい。

松原　ほしい理由は簡単で、今ちょっとハマっている演歌歌手がいまして、スマホで見たくて仕方がないから。それと、私はパソコンもできませんので、何かを調べて書いているわけではないのです。

保江　何を書くかは、教えてくださる人がいるんでしょ。

松原　はい。聞こえてくることを書くと、それが現実に起きたりします。たとえば、トランプが大統領に決まる少し前に、朝起きたら

「大統領はトランプです」という声が聞こえました。選挙の結果がもうすぐわかる時期だったので、すぐにサイトに出してほしかったのですが、その時点では、トランプが勝つ可能性はまずないと、ほとんどの人が思っていたので、私のことを心配したスタッフがいろいろと考えてくれた結果、「アメリカでは女性大統領は誕生しない」[*21]という文章を出すことになったのです。突然、聞こえてくることは、現実に起きることが多いように感じます。

――突然聞こえてくる以外にも、身近な物から送られてくるサインを松原氏は常にキャッチしているようだ。たとえば、お財布が光ることがあるという。

松原　わが家にはお財布が何十個もあって、母が使っていた物からすべてを引き出しに収めています。そこからお財布を選ぶのが毎日の楽しみのひとつで、引き出しの前へ行くと、お財布たちが私に選んでもらえるのを待っているのがわかりますし、ときたまですが、光って合図を送ってくれます。じゃあ今日はあなたね、と。

＊21　2016年11月2日、松原氏のオフィシャルサイト「幸福への近道」の連載記事「世見」に、この文章がアップされた。一般投票でトランプがヒラリー・クリントンに勝利したのは11月8日。

お札も、シワがあったらアイロンをかけてあげます。だって、長い旅をして私のところへ来てくれたのですから。10円や1円は旅回りの人だと思っていますので、「お元気でね」と手を振って送りだしますが、1万円札には「旅に出ないでね」とお願いします。

お財布を選ぶこともそうですが、私には「楽しい」と思えることが本当にたくさんあります。もしかしたら、そういう性格だから不思議な世界と通じやすいのかな。

保江　そうだと思いますね。だって、普通の大人はそんなことしないでしょ。それを楽しみとしてできるというのだからすごい。

松原　着なくなった洋服を処分するときも、今まで私を守ってくれた物だからゴミにしたくないのです。お洗濯をして、畳んで、きれいにしてから処分します。部屋に飾るお花も、枯れたからとゴミ扱いするのがかわいそうなので、ハサミで切って、「お別れ袋」といって、100均で買った新しい袋に入れてお別れします。そういうことも楽しい。だから、楽しいことが本当にたくさんあります。

保江　楽しいことだけをなさっている。あるいは、なさっていることが楽しいと思える。そういう感性をお持ちだから、あちこちから助けというか、情報が降りてくるのでしょう。

未来を変えたいときはいったん立ち止まる

松原　もうひとつ不思議に思うことがあります。たとえば朝起きたら歯を磨き、顔を洗い、服を着替えて……というコースがあるとすると、皆さん、毎日同じことをしていると思っていらっしゃる。でも、同じではないんですよ。パジャマも違うし、顔もひとりひとり違うし、時間も違う。人生には「同じ」がありません。私は、何かにつけてそういう意識がすごく高い。

保江　いや、すばらしい。たとえば太陽のまわりを1年365日かけて地球が回っています。次の年の春には同じところに戻ってくるというけれど、銀河系の中心から見ると太陽は動いているんです。だから、同じところに戻ってきたように見えても、実際には別のところにいます。われわれは二度と同じ場所にいないのです。

松原　だから何をやっても初体験の感じが起きます。髪をとかすとか歯を磨くとか、同じことをしているようでも同じではないことがわかるので、それを感じ取る時間がとても楽しい。

保江　いやあ、純粋だからできるんです。いいんですよ、それで。現代人はそういう楽しみ方を失っていますよね。

松原　街を歩いていて、なんとなく「つまらないな」と思ったときは、必ず立ち止まって両足をそろえるんです。なぜかというと、その何秒かで未来が変えられますから。だって、乗ろうと思った電車ではなく、1本後になるかもしれない。それで事故に遭わずにすんだり、思わぬ人と出会ったりするかもしれない。立ち止まったときに左右どちらの足から出るかを考える時間が楽しいの。

保江　僕の知りあいの空手家の先生で、たまたま夜中にトイレか何かで起きて、足を踏みだしたときの第一歩が、空手の運足《うんそく》からしたらダメな足運びだったと。その場で延々、ちゃんとした足運びができるように稽古をはじめたそうです。その人も純粋で、道場を開いたくらいの人。純粋であることがいちばん大事だと思います。

松原　今日はなんだか嬉しくなっています。最近ちょっとしゃべりすぎかな、と思うことがあって。先生、私ね、１週間後の自分にラブレターを書いているんです。

保江　それはいい話ですね。書いたら封筒に入れるんですか？

松原　いえ、手帳に書きます。この間びっくりしたのは、ある方とお会いすることになったので、当日の朝、手帳を見たら「しゃべるな」と書いてありました。その方は、とてもちゃんとした方です。「よしわかった、今日はしゃべらない！」と思いながら電車に乗っていましたが、お会いするころにはすっかり忘れて、結局、２時間も楽しくしゃべりつづけました。

保江　1週間後の自分に手紙を書くというのがいい。1か月後だとピンとこなくなります。

松原　私の手帳はすごいですよ。髪を洗った日から朝昼晩のご飯の内容まで、なんでも書いてあります。これを見るだけでその日に何をしたかがわかるの。

保江　僕と同じだ。ほら、こんなふうになっています。

——保江氏が手帳を広げると、そこにはぎっしりと書き込みが。会場から「曼荼羅みたいだ」という声が上がった。

松原　今日の欄には「ルンルン、ランラン」と書いてありました。1週間後の自分に宛てたメッセージは、書くのも面白いし、読むのも面白い。

保江　それはいいことですよ。神道の技のひとつに「予祝」というものがあります。要するに前祝いですね。何かを実現させたいときは、それがもう起きたというつもりでお祝いをするんです。松原さん、その手帳を売りだしたらどうですか。

「私」を楽しませてあげることが最も大切！

松原　先生、私は「ご相談」というのを週に何日かさせていただいているんです。それで、世の中にはご相談のプロが大勢いらっしゃるのに私を選んでくださったと思うと、嬉しくてよく泣きます。ただ、ご相談の場で皆さんがよくおっしゃる「ストレス」という言葉の意味がいまだによくわかりません。

保江　ああ、ストレスを経験したことがないから。

松原　私は親しい人たちと一緒にお酒を飲むのが好きです。家では飲みませんが、だれかと一緒だと、はしゃいでしまいます。すると私の娘が、皆さんにご迷惑ではないかと気を揉むのですが、そういうときに私はいつも思うんです。「私」が楽しんでいるのだから、まわりの人がどう思うかは気にしなくてもいいと。

保江　そのとおり！　じつは僕も去年、そういわれました。シリウス宇宙連合司令官のアシュターという存在が、スピリチュアルな人たちの間で話題になっているでしょ。彼が今、世界中のチャネラーのところに降りてきていて、そのうちのひとりと対談をしたのです。そしたら、その人に降りてきたアシュターがいうんですよ。お前の人生はそれでいい。他人に気を使って、こういってあげるといいのかな、こんなことをしてあげようかな、などと考えるな。お前さえ楽しければ世の中はうまくいくようになっている、と。[22][23]

松原　私も好きな人としかお酒を飲まないと決めていますから、飲んでいるときは本当に楽しくて。自分が好きな人と一緒にいて、自分がはしゃいで、なんでアカンのやろ、と思います。

保江　松原さんは、よく鏡を見るでしょ。

松原　はい。まず朝起きたら、鏡に向かって「照子さん、照子さん、世界でいちばんきれいなのはだあれ?」と質問して、「照子さん、照子さん」と答えます。それをしないと一日がはじまりませ

＊22 保江氏の著書『最初の人びと』(アネモネブックス)などによると、シリウス宇宙連合司令官アシュターは、保江氏自身の過去世でもある。

＊23 この対談の模様は『シリウス宇宙連合アシュター司令官 vs.保江邦夫緊急指令対談』(保江邦夫・江國まゆ著／明窓出版)で詳しく紹介されている。

ん。人間はね、自分の顔を鏡でじっくり見ないといけません。

保江　そうです！　起きたらまず自分の顔を見るというのは陰陽師の秘伝でもあります。だから僕はいつも鏡を持ち歩いています。

松原　皆さんは「気を使う」というのがあるでしょ。でも私は、お酒を飲みながら話をしているときも、相手に嫌われたらどうしようという意識がまったくありません。嫌われるかどうかはどうでもいいので。なぜかというと、私がその人のことを好きだから。

保江　僕もね、僕が楽しければそれでいい。自分が飲みたいものだけを飲むし、食べたいものだけを食べます。そして、僕が話すときはみんな黙って聞け、と。

松原　先生、その意識は私にもあります！

保江　よかった、同じで。でも、何人かで食事をするときにわれわれが並んで座ったりしたら、どうなるんでしょうね。大変なことになるかもしれないなあ（笑）。

松原　こういうふうにいろいろな話をさせてもらって、もっともっと面白いことが出てきたらいいですね、先生。なんだか今日からまた楽しくなります。自分では意味がわからないことを書いてもいいんだな、と思えました。

保江　もちろん。どんどん書いてください。楽しみにしています。

おわりに……いや、世界のおわりに

かねてより僕自身は世界でいちばん高慢な人間だと信じて疑うことがなかった。この世界、いや宇宙がすべて自分の思いどおりに回っていて、なんでもかんでも僕の望みどおりの結果になるという体験に裏づけられているのだから、かなりタチが悪い。

お山の大将なんていう生ぬるいものではなく、正真正銘の世界の王者、いやいや宇宙の覇王であるかの如《ごと》き言動。周囲の人間はもとより、世界中にいる自分以外の人間などはこの僕が創り出している日月星辰、宇宙、森羅万象の付け足しのようなものとしか見なしていない。そんな付け足し的な存在から三行半《みくだりはん》を突きつけられたところで、片腹痛し……という雰囲気に終始していたわけで、ホンマにイヤなヤツだったわけ。

おまけに、この僕が死んだ瞬間にこの世界、いやこの宇宙は完全に消滅して無に帰すとまで思い込んでいるのだから、もはや怖いものなし。

もちろん、他の人たちから見れば、もっともっと高慢に映っていたに違いない。だから友だちなんてものはほとんどできなかったし、親類縁者からは愛想を尽かされていたはず。

それが、ですね……、そんな鼻持ちならない僕をギャフンといわせようという正義感で完全武装した月刊「ムー」の三上丈晴編集長の策略というか騙し討ち（？）によって、このたび初めて「松原照子」なる人物と引き合わされてしまった。

そして、そして……、僕は知ってしまったのです。そう、この僕の世界には、僕とまったく同じように、ご自分が世界でいちばん高慢な人間だという確信に充ち満ちた人間が他に一人いたという事実を！

だって、その松原照子さんも絶対に、ご自身が死んだらこの世界も宇宙も一瞬で消えてなくなってしまうという確信に裏づけられた笑顔で、初対面の理論物理学者に向かって宇宙物理学から量子物理学にいたる物理学の専門用語を連発してくるのだから。

聞けば、そんな教育をどこかで受けてきたわけではまったくないし、興味があるわけでもない。ただ、松原さんいわく「あちらの世界の方々」の「声」が聞こえてくるので、それをそのまま我々に告げていらっしゃるだけという!!

そ、そ、そんなバカな!!!

普通の物理学者ならば、そう怒鳴り散らしながら退散してしまうのだが、そこはもう、この宇宙の覇王を自負してきた僕の場合はまったく違っていた。この世界にオレ以上に高慢な人間がいてたまるか……という敵愾心《てきがいしん》を丸出しにしたのかもしれないが、オレだってその「あちらの世界の方々」からドイツのアウトバーンを高速運転中に見せてもらった方程式で理論物理学者として世界的に有名になったんだゾー、などと自慢話までお披露目してしまった。

ということは……、結局のところ、この世界の王者、宇宙の覇者であったはずの僕・保江邦夫をまるで孫悟空のようにその掌の上で転がしていたお釈迦様の如き存在。それが松原照子という存在だったのだ。

こうして僕自身が王者として君臨してきたはずのこの僕の世界は、僕が死ぬのを待たずして一瞬のうちに完全消滅してしまい、松原照子の世界へと変態してしまう。そう、三上編集長の作戦にまんまと引っかかった僕は、世界のおわりを突然迎えてしまったわけだ。実にあっけないかぎりだが、だからといって腹が立つわけでも、気分が悪くなるわけでもない。本当のところは、実に爽快で気分が最高に高揚している。だって、お釈迦様に匹敵する人物に巡り会えてしまったのだから。

この先はといえば、もちろんお釈迦様である松原照子さんが「あちらの世界の方々」からなんらかのお言葉を頂戴するたびに、掌の上の孫悟空として飛び回り、その真意を現代物理学の言葉でわかりやすく解説する僕《しもべ》に徹する道あるのみ……。

こうして世界のおわりに、またまた世の中を騙そうという僕の本音をチラチラと見え隠れさせながら、今回の有意義ですばらしい対談に終止符を打つことにしよう。

そして、世界がおわるきっかけを生み出した月刊「ムー」の三上丈晴編集長に脱帽しつつ、お釈迦様との対談内容を丁寧に編集してくださった細江優子さんにも心より感謝したい。

保江邦夫

2023年11月吉日　白金の寓居にて記す

【著者】
松原照子（まつばら・てるこ）
1946年、兵庫県に生まれる。作家・株式会社SYO代表取締役。オフィシャルサイト「幸福への近道」では、日々の思いを記した「日記」と、「不思議な世界の方々」に導かれるまま見える・聞こえる・感じることを綴った「世見」を毎日更新。世界中に愛読者がいる。著書に『松原照子の真世見』（ワン・パブリッシング）、『終活の新常識！ 聞いてビックリ「あの世」の仕組み』（実業之日本社）など。
松原照子オフィシャルサイト「幸福への近道」 https://terukomatsubara.jp/

保江邦夫（やすえ・くにお）
1951年、岡山県に生まれる。理学博士。ノートルダム清心女子大学名誉教授。専門は理論物理学・量子力学・脳科学。湯川秀樹博士による素領域理論の継承者であり、量子脳理論の治部・保江アプローチの開拓者。冠光寺眞法・冠光寺流柔術創師・主宰。『祈りが護る國 アラヒトガミの霊力をふたたび』（明窓出版）、『最初の人びと』（anemoneBOOKS）をはじめ、80冊以上の著書を上梓。
保江邦夫オフィシャルサイト「星辰館」 https://yasuekunio.com/

ムー・スーパーミステリー・ブックス

大世見対談 松原照子×保江邦夫

2023年12月31日 第1刷発行
2024年 1 月28日 第2刷発行

著　者　松原照子・保江邦夫
発行人　松井謙介
編集人　長崎有
編集長　三上丈晴
発行所　株式会社 ワン・パブリッシング
〒110-0005 東京都台東区上野3-24-6
印刷所　中央精版印刷 株式会社
製本所　中央精版印刷 株式会社

●この本に関する各種お問い合わせ先
本の内容については、下記サイトのお問い合わせフォームよりお願いします。
https://one-publishing.co.jp/contact/
在庫・注文については、書店専用受注センター Tel 0570-000346
不良品（落丁、乱丁）については Tel 0570-092555
業務センター 〒354-0045 埼玉県入間郡三芳町上富279-1